Herausgegeben von Anne Steiner und Florian Radvan

Sophokles

König Ödipus

Deutsch von Peter Krumme

Text und Materialien
bearbeitet von Anne Steiner und Florian Radvan

LITERATHEK

Cornelsen

Literathek

Sophokles **König Ödipus**

Redaktion Grit Ellen Sellin

Umschlaggestaltung und -illustration Sarah Humeniuk, Berlin

Umschlaglayout Corinna Babylon, Berlin

Layout und technische Umsetzung Straive

Bildquelle akg-images (S. 6)
stock.adobe.com/CrackerClips /© CrackerClips Stock Media/CrackerClips - stock.
adobe.com (S. 94)
Imago Stock & People GmbH/Andreas Neumeier\r (S. 98)

Illustration Gabi Heinisch, Berlin (S.118)

Karte Cornelsen/Volkhardt Binder (S.106)

www.cornelsen.de

Dieses Werk berücksichtigt die Regeln der reformierten Rechtschreibung und Zeichensetzung. Ausnahmen bilden Originaltexte, bei denen lizenzrechtliche Gründe einer Änderung entgegenstehen.

1. Auflage, 1. Druck 2022

Alle Drucke dieser Auflage sind inhaltlich unverändert
und können im Unterricht nebeneinander verwendet werden.

Druck: H. Heenemann, Berlin

ISBN 978-3-06-211019-1

PEFC
PEFC/04-31-1156

PEFC zertifiziert
Dieses Produkt stammt aus nachhaltig bewirtschafteten Wäldern und kontrollierten Quellen.

www.pefc.de

Inhalt

Kurzbiografie

Sophokles

Statue des Sophokles; Ausschnitt, nach griechischem Original um 330 v. Ch

»So hole doch, wenn's sein muss, Sophokles,
Der ist doch größer als Euripides!«
(Aristophanes: *Die Frösche*, Erste Szene)

Über das Leben von Sophokles, der bis heute als einer der bedeutendsten Tragödiendichter der griechischen Antike gilt, gibt es nur wenige gesicherte Informationen. Vermutlich lebte er von 497/496 v. Chr. bis 406 v. Chr. Er wurde in Kolonos, einem kleinen zu Athen gehörenden Dorf, als Sohn einer begüterten Aristokratenfamilie geboren und starb hoch angesehen in Athen. Als Heranwachsender erhielt er vermutlich eine umfassende körperliche wie geistige Erziehung und Ausbildung und hatte Kontakt mit der intellektuellen und gesellschaftlichen Elite Athens. Zudem soll er sehr gut aussehend gewesen sein, sodass er im Alter von 16 Jahren zum Anführer des Chores bestimmt wurde, der den Paian, den Dankgesang, anlässlich des Sieges der Griechen über die Perser bei Salamis vortrug.
Im frühen 5. Jahrhundert v. Chr. wollten die Perser zunächst unter Führung von König Dareios dem Großen und im Anschluss unter Führung seines Sohnes König Xerxes die griechischen Stadtstaaten unterwerfen und in ihr Großreich eingliedern. Dies gelang ihnen jedoch nicht, die Griechen gingen unter der Führung Athens und Spartas siegreich aus den beiden Perserkriegen hervor. Für Athen begann damit das »goldene Zeitalter« der

Attischen Demokratie, eine Zeit der ökonomischen und kulturellen Blüte.
Sophokles bekleidete zahlreiche wichtige politische und militärische Staatsämter und war so direkt am Aufschwung Athens beteiligt. 443 und 442 v. Chr. gehörte er dem zehnköpfigen Gremium an, das die Finanzen des attisch-delischen Seebundes verwaltete. In den Jahren 441 bis 439 v. Chr. wurde er während des Samischen Krieges zu einem der zehn Strategen, d. h. der Generäle Athens, gewählt, weitere Male gelangte er 428 v. Chr. im Krieg gegen die Anaier und 423/422 v. Chr. in der Anfangsphase des Peloponnesischen Krieges in diese militärische Führungsposition. Von 413 bis 411 v. Chr. war er Mitglied des Rats der Probulen, eines zehnköpfigen Gremiums, das die Sitzungen der Volksversammlungen vorbereitete, die Anträge, die Athener Bürger in diesen stellen wollten, vorab prüfte und darüber entschied, ob sie in die Versammlung eingebracht werden durften, sowie Vorschläge erarbeitete, wie Athen zukünftig zu regieren sei. Auch im religiösen Leben der Polis spielte Sophokles eine wichtige Rolle: Er übernahm als Priester des Halon, eines heilenden Dämons, kultische Aufgaben und war an der Einführung des Asklepios-Kultes beteiligt, was darauf schließen lässt, dass er an die heilende Kraft göttlicher Mächte glaubte.
Sophokles war mindestens einmal verheiratet. Mit seiner Ehefrau Nikostrate hatte er einen Sohn namens Iophon, aus der späteren Verbindung mit Theoris entstammte ein weiterer Sohn, Ariston. Beide Söhne wirkten wie der Vater als Dramendichter.
Sophokles trat im Alter von 25 Jahren als Tragödiendichter in Erscheinung. 471/470 v. Chr. nahm er das erste Mal am Tragödienwettstreit der Großen Dionysien teil, bei dem der beste Tragödiendichter bestimmt wurde. Zu diesem Wettbewerb wurden drei Dichter zugelassen, die jeweils drei Tragödien und ein Satyrspiel einreichen mussten. Die insgesamt zwölf Stücke wurden alle an drei Tagen hintereinander im Dionysos-Theater in Athen aufgeführt. Gleich bei seiner ersten oder zweiten Teilnahme errang Sophokles den Sieg und gewann vor Aischylos,

dem bis dahin unangefochtenen Meister der Tragödie. Bis zu seinem Tod nahm Sophokles mit weiteren 27 Tetralogien am Wettbewerb teil und gewann mindestens siebzehnmal den ersten Preis. Dritter und damit Letzter wurde er nie.

Wie viele Stücke Sophokles insgesamt geschrieben hat, ist nicht überliefert, es müssen aber mindestens 113 (d. h. 28 Tetralogien und das erst nach seinem Tod aufgeführte *Ödipus auf Kolonos*) gewesen sein. Nur sieben seiner Stücke sind vollständig überliefert, darunter *König Ödipus* (uraufgeführt vermutlich zwischen 436 und 433 v. Chr.), *Elektra* (uraufgeführt vermutlich zwischen 414 und 411 v. Chr.) und *Antigone* (uraufgeführt vermutlich 443/442 v. Chr.). Sophokles führte einige Neuerungen ein und veränderte so das griechische Theater maßgeblich: Er erhöhte die Zahl der Chormitglieder von bisher 12 auf 15 und die der Schauspieler von 2 auf 3, was eine größere Flexibilität in Dialogen und Handlung zur Folge hatte und den Figuren mehr Individualität verlieh.

Dass Sophokles auch nach seinem Tod als bedeutender Tragödiendichter und herausragender Staatsbürger der Polis verehrt wurde, bezeugt eine Statue, die zu einem Ensemble aus drei bronzenen Statuen gehört, das in den dreißiger Jahren des 4. Jahrhunderts v. Chr. im Dionysos-Theater von Athen aufgestellt wurde und die drei großen attischen Tragödiendichter Aischylos, Sophokles und Euripides zeigt. Sophokles ist als Redner dargestellt, dessen Haltung und Kleidung – ein Umhang verhüllt den ganzen Körper, darunter auch die Arme, sodass diese nicht gestikulieren können, sondern beim Vortrag still gehalten werden – das bürgerliche Ideal der Zurückhaltung und Selbstbeherrschung symbolisieren.

Literatur

Flashar, Hellmut: Sophokles. Dichter im demokratischen Athen. München: Beck 2000.

Hose, Martin: Kleine griechische Literaturgeschichte. Von Homer bis zum Ende der Antike. München: Beck 1999, S. 104 f.

Paulsen, Thomas: Geschichte der griechischen Literatur. Stuttgart: Reclam 2004, S. 116–129.

Sophokles

König Ödipus

KÖNIG ÖDIPUS

Deutsch von Peter Krumme

Personen

ÖDIPUS, *König von Theben*
PRIESTER
Kreon, *Schwager des Ödipus*
TEIRESIAS *der Seher*
IOKASTE, *Frau des Ödipus, Schwester Kreons*
BOTE aus Korinth
Ein alter HIRTE des Laios
BOTE aus dem Palast
ANTIGONE und ISMENE, *die beiden Töchter des Ödipus*
CHOR der Ältesten von Theben
Ein ÄLTESTER als Chorführer

Seher: Hellseher, Wahrsager

Laios: *Myth.* König von Theben, Ehemann von Iokaste, Vater von Ödipus

die Ältesten: Ältestenrat, Senat

Ort der Handlung
Theben

Theben: in der Antike größte Stadt Böotiens

1

Ödipus

Ihr Kinder, ihr das junge Geschlecht des alten Kadmos,
was sitzt ihr hier auf diesen Stufen?
Und fleht um Hilfe; habt Zweige in den Händen.
Voll Weihrauch ist die ganze Stadt,
voll von Bittgesängen und von Klagerufen.
Das haben meine Boten mir berichtet,
doch wollt ich's nicht durch andere hören.
So bin ich selbst herausgekommen,
ich, den man ringsum Ödipus, den Hochberühmten, nennt.
Alter, sprich du, was treibt euch her?
Seid ihr in Furcht? Ist es Liebe zu mir,
weil ihr wisst, ich helfe euch in allem?
Ich müsste ja ein Unmensch sein,
könnte ich ungerührt euch so
vor mir sitzen sehn!

Kinder: *hier* Untertanen, v. a. Jungen und junge Männer

Kadmos: *Myth.* Gründer und König der Stadt Theben

Zweige: Öl- oder Lorbeerzweige; in der Antike symbolisch von Menschen getragen, die als Bittsteller etwas von den Göttern erflehen

Priester

Nun, Herrscher meines Landes, Ödipus!
Du siehst hier Leute jeden Alters
an deinen Stufen sitzen.
Die da haben noch nicht die Kraft,
um weit zu fliegen,
die andern da, die beugt das Alter.
Priester sind es – ich von Zeus –
und hier die jungen Männer, unsre besten.
Der Rest von unserm Volk sitzt,
bekränzt mit Zweigen,
auf dem Markt und an den Tempeln.
Die Stadt, du siehst es selbst,
droht zu versinken.
Mit Mühe nur taucht sie noch auf
aus diesem mörderischen Wogenschlag.

Zeus: *Myth.* höchster und mächtigster Gott der Griechen

Sie stirbt dahin: Es stirbt das Saatgut in der Erde,
das Vieh geht ein, es stirbt im Schoß der Frauen
das noch nicht geborene Kind.

Fieberbrand der Seuche: Pest

Der Fieberbrand der Seuche quält die Stadt.
Leer wird das Haus des Kadmos,

Totenreich: *Myth.* Hades, die Unterwelt, in der alle Gestorbenen als Schatten weiterexistieren

das schwarze Totenreich wird reich an Tränen und an Klagen.
Nun halten wir dich keineswegs für einen Gott,
die hier und ich,
doch bist du einer
der vortrefflichsten der Menschen
in allen Wechselfällen dieses Lebens
und auch im Umgang mit den Göttern.
Du bist gekommen
und hast Kadmos' Stadt von der

Rätselsängerin: *Myth.* Sphinx, halb Mensch, halb Löwe; Unheil bringender Dämon vor den Toren Thebens, gab ihren potenziellen Opfern ein Rätsel auf – wer es nicht lösen konnte, musste sterben

Schreckensherrschaft jener Rätselsängerin erlöst.
Du hast damals nichts von uns gewusst,
von uns kam keine Unterweisung:
Doch sagt und glaubt man,
dass dir ein Gott geholfen hat,
unser Leben wieder aufzurichten.
Auch jetzt, Ödipus,
mächtigster der Menschen,
wenden wir uns wieder an dich,
flehen wir dich an:
Find uns einen Ausweg.
Magst du dein Wissen
von einem Gott, von einem Menschen nehmen:
Lebendig wird ein Rat erst durch Erfahrung.
Geh, Bester unter den Menschen,
richte wieder auf die Stadt!
Und gib gut Acht:
Das Land nennt dich seinen Retter,
weil du ihm einst geholfen hast –

es möge von deiner Herrschaft niemals heißen:
Wir wurden aufgerichtet
und sind dann tief gestürzt.
Schon einmal hast du uns Glück gebracht:
Bewähre dich erneut!
Du willst doch dieses Land regieren:
Ist es nicht schöner, wenn's darin noch Leute gibt,
als dass es ganz verödet ist?
Das wäre wie ein unbemanntes Schiff,
ein Turm, worin kein Mensch mehr wohnt.

ÖDIPUS

Ach, meine armen Kinder!
Ich verstehe euren Wunsch,
ich weiß, warum ihr hergekommen seid.
Ihr leidet und seid krank,
doch keiner unter euch ist derart krank wie ich.
Denn euer Leiden leidet ihr, jeder für sich, allein.
Doch ich, ich leide für die Stadt,
für mich, für dich, für alle.
Ihr weckt mich nicht,
habt mich nicht aus dem Schlaf gerissen,
ihr sollt wissen:
Ich habe viel geweint,
als ich angstvoll mit meinem Kopf
nach einem Ausweg suchte.
Ich sah nur einen Weg
und den bin ich gegangen:
Ich habe Kreon, meinen Schwager,
nach Delphi, zur Pythia gesandt,
um zu erfahren, durch welche Tat,
durch welches Wort
ich diese Stadt erretten könnte.
Ich bin ganz unruhig, wenn ich denke,
wie viel Zeit schon vergangen ist:
Was mag er bloß treiben?

Delphi: ursprünglich Pytho, Stadt im antiken Griechenland, beherbergte mit dem Orakel von Delphi die wichtigste Weissagungsstätte der Antike

Pythia: Priesterin, die die Orakelsprüche in Delphi verkündet

Er ist schon viel zu lange weg.
Doch wenn er kommt, wäre ich schlecht beraten,
nicht auf der Stelle das zu tun, was der Gott mir offenbart.

Priester

Zur rechten Zeit gesprochen!
Denn gerade gibt man mir Zeichen,
dass Kreon kommt.

Ödipus

Apollon, brächte er die Hilfe,
die das Leuchten seines Blicks verheißt!

Priester

Es scheint, er naht als froher Bote,
sonst käm' er nicht mit einem Lorbeerkranz.

Ödipus

Gleich werden wir es wissen.
Er hört uns schon.
Fürst, mein Schwager, Sohn des Menoikeus:
Was lässt der Gott uns sagen?

Kreon

Gutes, denke ich.
Auch Schweres ist erträglich,
wenn es zu einem guten Ende kommt.

Ödipus

Das ist der Spruch des Gottes?
Dein Wort, es macht mir keinen Mut,
freilich auch keine Angst.

Kreon

Was hast du lieber:
Soll ich hier vor allen Leuten reden
oder gehen wir hinein?

Ödipus

Rede hier, vor allen.
Ihr Schmerz ist wichtiger als mir mein Leben.

Apollon: *Myth.* griechische Gottheit, Sohn des Zeus und der Leto, verfügt über hellseherische Fähigkeiten und kann Krankheiten heilen

Lorbeerkranz: Siegerkranz; aus Lorbeerblättern geformter Kranz, der als Ehr- oder Siegessymbol verliehen und auf dem Kopf getragen wird

Menoikus: *Myth.* Vater von Kreon und Iokaste, Großvater von Ödipus

Kreon

Ich sage, was der Gott mir sagte.
Apoll befiehlt in aller Klarheit,
die unheilbare Schande,
die in diesem Lande wuchert,
zu vertreiben.

Ödipus

Wie kommen wir damit ins Reine?
Und wie sieht dieses Unheil aus?

Kreon

Ein Mann muss ausgetrieben werden.
Mord verlangt nach Sühne.
Blut befleckt das Land.

Ödipus

Die Mordtat, die der Gott bezeichnet:
Wen hat sie getroffen?

Kreon

Wir hatten vor dir einst, o Herr,
hier einen anderen Herrscher: Laios.

Ödipus

Ich hab von ihm gehört.
Gesehen habe ich ihn nie.

Kreon

Apoll befiehlt uns deutlich,
seine Mörder zu bestrafen,
wer immer sie auch sind.

Ödipus

Wo sind die Leute?
Wo lässt die dunkle Spur so alter Schuld sich
greifen?

Kreon

In diesem Land, hat er gesagt.
Suchen sollst du und dann finden.
Säumst du, bleibt's verdeckt.

ÖDIPUS

Wo geschah die Tat?
Hier? In einem fremden Land?

KREON

Laios zog einst nach Delphi, das Orakel zu befragen.
Kam nie von dort zurück.

ÖDIPUS

Hat keiner ihn begleitet?
Gab es keine Zeugen?

KREON

Sie sind alle tot. Bis auf einen.
Und der will nichts gesehen haben.

ÖDIPUS

Will nichts gesehen haben?
Schon der geringste Fingerzeig ist wichtig.

KREON

Er sprach von Räubern und von Überfall.

ÖDIPUS

Räuber!
Bestimmt hat jemand, der von hier war, sie bezahlt!

KREON

Kann sein. Doch keiner ist dem nachgegangen.
Der Mord an Laios fand nie seine Rache.

ÖDIPUS

Was lähmte denn die Untersuchung,
als so Tyrannenmacht gefallen war?

KREON

Die Sphinx zwang uns mit ihren Rätseln,
von dem zu lassen, was im Dunkeln lag.

ÖDIPUS

Dann werde ich für Klärung sorgen,
den Grund der Tat erhellen.
Wir sind dem Gott, auch dir, zu Dank verpflichtet,
dass er auf sie gewiesen hat.
Ich steh euch bei,

dass Recht geschieht;
die Tat, das Land zur Rache findet.
Sie wird zu meiner Sache.
Denn wer Laios mordete,
führt bald den Schlag auch gegen mich.
Indem ich euch helfe, helfe ich mir selbst.
Steht von den Stufen auf, ihr Kinder, schnell
und nehmt die Zweige fort.
Ein andrer soll das Volk von Theben hier versammeln.
Ich tue alles, was immer auch geschieht.
Es geht um unser Glück,
um unsern Untergang.

PRIESTER

So lasst uns gehen, Kinder,
denn was wir hören wollten,
haben wir alle hier gehört.
Der Gott Apoll jedoch, der sein Orakel schickte,
er steh uns bei und ende diese Krankheit!

CHOR

Stimme des Zeus,
süß klingendes Wort,
wer bist du,
die du aus dem goldreichen Delphi
ins strahlende Theben gekommen?
Die Brust zerspringt mir,
ich zittre vor Angst!
Hilf in der Not, heilender Gott in Delos!
Ängstlich schau ich auf dich:
Worin besteht die Schuld,
die du von mir forderst?
Ist sie neu?
Oder kehrt sie wieder,
nachdem die Zeit sich vollendet hat?
Sag es mir, Kind der goldenen Hoffnung,
unsterbliche Stimme!

heilender Gott: *Myth.* ursprünglich wurde Paian als Heilgott verehrt, später dann auch Apollon

Delos: griech. Insel, die in der Antike als Geburtsort der Zwillinge Apollon und Artemis verehrt wurde

Kind der goldenen Hoffnung: *Myth.* Anspielung auf das sog. goldene Zeitalter, die Urphase der Menschheitsgeschichte

Athene: *Myth.* griech. Göttin der Weisheit, Zwillingsschwester von Apollon und Schwester von Artemis

Artemis: *Myth.* griech. Göttin der Fruchtbarkeit

Dich rufe ich als Erste an,
Tochter des Zeus, unsterbliche Athene!
Und ich rufe deine Schwester Artemis,
die Landbeschützerin,
die auf einem runden Thron auf dem Marktplatz sitzt,
die Ruhmvolle.
Apollon sodann,
der aus der Ferne mit seinem Bogen zielt.
Erscheint mir, ihr drei,
ihr Gegenwehr des Todes!
Habt ihr doch einst schon,
wenn das Unheil sich gegen die Stadt erhob,
die Flamme des Leids gelöscht:
So kommt auch jetzt!

Weh mir! Unzählbar sind meine Leiden.
Krank ist mein ganzes Volk
und die Klugheit findet keine Waffe,
die helfen könnte.
Denn die Früchte des Landes werden nicht reif
und die Frauen im Schrei ihrer Wehen durch keine Geburt erlöst.
Du siehst nur,
wie einer nach dem andern,
schnell wie ein Vogel
und reißender als Feuer,
zur Küste des Totengotts eilt.

Küste des Totengotts: *Myth.* Hades, ein Bruder des Zeus, herrscht als Totengott über den Hades, die Unterwelt.

Überreich an Toten geht die Stadt zugrunde.
Ohne Mitleid zu finden, liegen die Kinder am Boden,
todbringend, unbeweint.
Die Frauen kommen, die weißhaarigen Mütter,
von überallher an den rettenden Strand der Altäre.
Sie klagen, Bittflehende gegen unerbittliche Qualen.

1

Hell glänzt der Paian, sticht hervor aus dem dunklen
Ruf der Klage.
Gegen diese Not sende uns, goldene Tochter des Zeus,
freundlich blickende Hilfe.

Und Ares, der sengende Kriegsgott,
der mich jetzt ohne Krieg brennt,
der die Pest bringt,
der mir mitten im Jammer entgegentritt,
möge er den Rücken kehren,
eilig davonlaufen,
weg von den Grenzen unseres Landes,
hin in das Meeresbett der Amphitrite
oder hin zur thrakischen Küste,
der ungastlichen, hafenlosen.
Denn was die Nacht vor der Zerstörung bewahrt,
das überfällt am Ende der Tag.
Vernichte ihn, Zeus, Gebieter über Blitz und Feuer,
vernichte diesen Ares mit deinem Flammenschlag!

Apollon, leuchtender Gott,
ich wünsche mir,
dass deinen Pfeilen keiner entgehe.
Schicke sie zu unserm Schutz
und dazu den Fackelglanz der Artemis,
mit dem sie das lykische Gebirge durchstreift!
Auch ihn rufe ich herbei,
ihn mit dem goldenen Stirnband,
der diesem Land den Namen gab,
Bakchos, den weinäugigen,
von Jubel umbraust!
Den Begleiter der Gott trunkenen Frauen!
Möge er mit strahlender Fackel
den unter den Göttern verhassten
Gott der Seuche ausbrennen!

Paian: feierlicher (Kampf- oder Sieges-)Gesang zu Ehren von Apollon

Meeresbett der Amphitrite: *Myth.* Amphitrite: Gattin von Neptun, dem Meeresgott; ihr Meeresbett könnte der Atlantik sein

thrakische Küste: Thrakien, Landschaft auf der im Schwarzen Meer gelegenen Balkanhalbinsel; *Myth.* Heimat u. a. von Orpheus, Apollon und Dionysos

lykisches Gebirge: Lykien, Landschaft im Südwesten Kleinasiens

Bakchos (auch Dionysos): *Myth.* griech. Gott der Fruchtbarkeit, des Weines und des Rausches, Schutzgott von Theben

2

ÖDIPUS

Du bittest.
So hör auf meine Worte,
wenn du die Seuche bannen willst.
Du bittest: Die Hilfe aus der Not, du sollst sie finden.
Fremd ist mir das Berichtete,
fremd ist mir auch die Tat, um die es geht.
Ich würde für die Spur sonst keine langen Wege
brauchen,
wenn mir nicht jedes Zeichen fehlte.
Darum geb ich, spät erst ein Bürger unter Bürgern,
euch allen, euch Kadmäern, jetzt bekannt:
Wer je Laios, den Sohn des Labdakos, gekannt,
wer weiß, durch wen er umgebracht,
der sag mir alles, was er weiß.
Und hat er Furcht,
sich selber zu beschuldigen,
so soll ihm nichts geschehn.
Ungestraft kann er das Land verlassen.
Wenn jemand weiß,
der Mörder war ein anderer
oder er stammt aus einem andern Land,
dann soll er's nicht verschweigen.
Dann winkt ihm Lohn und Dank.
Wenn aber jemand etwas weiß und schweigt,
wenn er sich sorgt,
für einen Freund, für sich:
So hört, was ich dann tu.
Den Mann verfluche ich,
wer es auch immer sei.
Niemand darf ihm Obdach geben,
niemand mit ihm reden,
niemand mit ihm zu den Göttern beten,

Kadmäer: zum Volk des Kadmos gehörend, Einwohner Thebens

Labdakos: König von Theben

niemand mit ihm opfern.
Er sei vertrieben, überall,
denn er, er hat das Land verpestet.
So und nicht anders hat es mir der Gott enthüllt.
Wenn ich so handle,
kämpfe ich für ihn
und den erschlagnen Mann.
Der aber, der's getan,
der Unbekannte,
war er allein oder mit anderen zusammen,
er sei gezeichnet, ein für alle Mal:
Sein Leben verbringe er in Acht und Bann!
Und ich gelobe außerdem:
Falls er in meinem Hause wohnt
und sollt ich davon wissen,
so treffe mich der eigne Fluch.
Prägt euch das ein!
Und ich gebiete euch:
Tut all das mir zuliebe
und für den Gott und dieses Land,
das ohne Frucht, verlassen von den Göttern, untergeht.
Und hätte auch ein Gott die Sache nicht
    vorangetrieben:
Ihr hättet sie erhellen müssen.
War doch der beste aller Männer, euer Herrscher,
    umgekommen.
Ihr hättet forschen müssen!
Nun habe ich die Macht,
die einst der andre innehatte,
ich habe seine Frau, sein Bett,
wir hätten beide auch gemeinsam Kinder,
wär sein Geschlecht nicht kinderlos geblieben –
nun aber, da das Missgeschick ihn angefallen hat,
so kämpf ich diesen Kampf,
als wäre es mein eigner Vater.

Acht und Bann: aus der Rechtsgemeinschaft ausgeschlossen und für rechtlos erklärt

Ich geh aufs Ganze,
will ihn fassen, seinen Mörder.
Wer sich dem widersetzt,
dem fluche ich;
er hab auf seinem Acker keine Frucht,
hab auch kein Kind von seiner Frau,
es treffe sie ein Schicksal, das noch
fürchterlicher ist!
Uns aber, die wir in der Sache einig sind,
uns stehe die Gerechtigkeit zur Seite
und auch die Götter – alle Zeit.

ÄLTESTER

Ich rede so, wie du mich durch deinen Fluch
gebunden hast.
Ich hab ihn nicht getötet,
ich kann den Mörder auch nicht nennen.
Der Gott hat uns dies Rätsel aufgegeben;
warum nennt er den Täter nicht gleich mit?

ÖDIPUS

Du hast ja recht.
Nur kann man einen Gott, wenn er nicht will,
nicht zwingen.
Nenn mir den Menschen, der das kann!

ÄLTESTER

Ein Zweites gibt es,
das mir wichtig scheint.

ÖDIPUS

Und selbst, wenn es ein Drittes gibt,
so sag es mir!

ÄLTESTER

Es gibt Teiresias.
Ein Meister in der Kunst des Sehens fast wie
sein Herr Apoll.
Von ihm erhält man äußerst klare Auskunft, Herr.

ÖDIPUS
Ich hab auch hier nichts unterlassen
und, auf Kreons Rat, zweimal einen Boten zu ihm hingeschickt.
Mich wundert, dass er noch nicht hier ist.

ÄLTESTER
Alte, verschollene Geschichten werden noch erzählt.

ÖDIPUS
Welche Geschichten?
Ich überprüfe alles, was man sagt.

ÄLTESTER
Man sagt, nicht Räuber,
Wanderer hätten ihn erschlagen.

ÖDIPUS
Das hab ich auch gehört.
Doch ist der Mann,
der es gesehen hat,
selber unsichtbar.

ÄLTESTER
Gibt's auch nur eine Spur
von Furcht in ihm,
so hält er deinen schweren Fluch nicht aus.

ÖDIPUS
Wer ohne Angst gehandelt hat,
den wird ein Wort nicht schrecken.

ÄLTESTER
Doch einer kann ihn überführen!
Da bringen sie den Seher,
der Einzige der Menschen,
dem Wahrheit angeboren ist.

ÖDIPUS
Teiresias, du achtest auf alles,
Sagbares, Unsagbares, Himmel, Erde.
Du weißt, die Krankheit wohnt,

wenn du sie auch nicht sehen kannst,
in dieser Stadt.
Du allein bist ihr Beschützer und ihr Retter.
Apollon – du weißt es, brauchtest dazu keine Boten –
schickte uns die Botschaft,
wir würden frei von dieser Krankheit nur,
wenn wir des Laios Mörder finden und vernichten.
Sag uns, was dir die Vögel künden,
verhehle nichts, zeig uns einen Weg,
den deine Seherkunst dir weist:
Rette dich, rette die Stadt, rette mich.
Nimm von uns diesen Fluch des Toten.
Wir sind in deiner Hand.
Ist Helfen nicht für einen Menschen die schönste
aller Mühen?

Teiresias

Schrecklich ist Wissen,
wenn es dem, der weiß, nicht nützt.
Ich wusste es, doch hab ich es vergessen,
sonst wäre ich nicht hierhergekommen.

Ödipus

Was ist denn?

Teiresias

Lass mich gehn.
Am besten, wir tragen jeder unser Los,
du das deine, ich das meine, bis ans Ende, glaub es mir.

Ödipus

Du bist wenig freundlich,
schadest gar der Stadt, wenn du ihr dein Wissen
vorenthältst.

Teiresias

Ich sehe, wie die Stadt zu Schaden kommt.

Ödipus

Geh nicht weg, wenn du klar siehst. Wir alle liegen
dir zu Füßen.

Teiresias

Ihr alle *seht* auch nicht.
Ich werde niemals sagen, was das Beste wäre,
aus Furcht.

Ödipus

Ja, was? Du weißt, doch willst nicht reden?
Willst du die Stadt zugrunde richten?

Teiresias

Ich will nicht mich, nicht dich verletzen.
All dein Fragen ist umsonst.
Von mir wirst du die Antwort nicht erfahren.

Ödipus

Ein Scheusal bist du, denn du würdest einen Stein
zum Rasen bringen.
Niemals wirst du reden?
Und dich niemals ändern?
Mir scheint, *du* bist der Stein,
der unerbittlich, unerweichlich bleibt.

Teiresias

Mir unterstellst du Zorn.
Den eigenen, der dich beherrscht, den siehst du nicht.

Ödipus

Wer würde nicht in Zorn geraten
bei diesem Ungefähr, mit dem du unsre Stadt
verhöhnst?

Teiresias

Es kommt von selbst heraus, auch wenn ich schweige.

Ödipus

Was kommt, genau das sollst du sagen!

Teiresias

Ich sag nichts mehr, da kannst du toben
vor Wut, so lang du willst.

Ödipus

Das werd ich auch und sage, was ich weiß;
du hast das Verbrechen angestiftet,

hast deine Hand im Spiel gehabt,
selbst wenn du sie nicht rühren musstest.
Könntest du sehen,
so sagte ich, die Tat, sie ist allein dein Werk.

Teiresias

Wirklich? So sage ich:
Du bist die Pest! Der Schandfleck dieses Landes!

Ödipus

So dreist? Und glaubst, du kommst davon?

Teiresias

Bin schon davon – die Wahrheit macht mich stark.

Ödipus

Wer hat sie dir beigebracht? Doch nicht deine Kunst?

Teiresias

Du selbst hast mir das Reden abgezwungen.

Ödipus

Welches Reden? Sag's noch mal, deutlicher!

Teiresias

Noch immer nicht verstanden?
Du willst mich wohl aufs Glatteis führen?

Ödipus

Noch immer nicht. Sag's noch mal.

Teiresias

Der Mörder, sag ich, den du greifen willst, bist du.

Ödipus

Das sagst du nicht noch mal.

Teiresias

Willst du, dass ich noch mehr verrate,
damit du voll in Zorn gerätst?

Ödipus

So viel du magst.
Du redest nur ins Leere.

Teiresias

So sag ich dir,
du hast keine Ahnung,

wie schändlich du mit deinen Liebsten lebst.
Du siehst nicht, wo dein Verbrechen steckt.

Ödipus
Meinst du, du könntest ungestraft so weiterreden?

Teiresias
So lange es die Kraft der Wahrheit gibt.

Ödipus
Es gibt sie, nur kommt sie nicht von dir.
Du bist auf Ohren, Geist und Augen blind.

Teiresias
Du Ärmster, du beschimpfst,
was dich bald von allen Seiten treffen wird.

Ödipus
Du lebst in tiefer Nacht,
du hast ja keinen, der das Licht des Tages sieht,
jemals recht gesehn.

Teiresias
Es ist mir nicht bestimmt, durch deine Hand zu fallen.
Apollon bringt die Sache an ihr Ende.

Ödipus
Wer hat sich das ausgedacht:
Kreon oder du?

Teiresias
Nicht Kreon ist dein Unheil, du bist es dir selbst.

Ödipus
O Reichtum, Macht und jede Kunst, die eine andere übertrifft –
wie seid ihr doch in einer Welt voll Ehrgeiz
von Missgunst stets begleitet!
Und Kreon, der Freund von Anbeginn, ist darauf aus,
mich wegen dieser Macht, nach der ich nie gedrängt,
die die Stadt mir in die Hände legte, zu vertreiben.
Darum hat er diesen Gaukler, den Intrigenspinner,
diesen schlauen Bettelpriester angeheuert,

der nur auf den Gewinn sieht,
doch in seiner Kunst ein Blinder ist.
Sag mal, wann warst du jemals deiner Sache sicher?
Warum hast du damals, als das Untier, die Hündin, hier war,
das Mittel nicht genannt,
das die Stadt gerettet hätte?
Das war ein Rätsel,
das nicht der erste Beste lösen konnte,
da war Seherkunst vonnöten!
Du hast sie nicht besessen.
Weder durch die Vögel noch von einem Gott.
Da musste ich erst kommen,
ich, der nichts wusste, Ödipus.
Ich hab das Untier stumm gemacht,
allein mit meinem Kopf.
Und nun willst du mich stürzen,
weil du glaubst, du bist der Erste dann an Kreons Thron?
Glaub mir, ihr werdet beide es bereun.
Wärst du nicht alt,
schmerzlich müsstest du erfahren,
was du dir da ausgedacht.

das Untier, die Hündin: *Myth.* die Sphinx

Ältester

Willst du unsre Meinung,
so sind die Worte dieses Mannes im Zorn gesprochen,
wie deine auch, Ödipus.
Doch brauchen wir das nicht:
Wir sind darauf bedacht, dem Orakel des Gottes zu entsprechen.

das Orakel: Weissagung, meist eine rätselhafte Aussage über zukünftige Handlungen

Teiresias

Du bist der Herrscher,
doch musst du erlauben,
dass ich Gegenrede halte,
an Umfang deiner Rede gleichgestellt.
Dazu habe ich das Recht.

Ich bin nicht dein Knecht, denn ich dien’ dem Gott Apoll.
Ich brauch auch keinen Kreon, steh nicht auf seiner Liste.
Weil du mich als Blinden höhntest, sag ich dir:
Du hast zwar Augen, trotzdem siehst du nicht,
wie tief du im Verderben steckst,
siehst nicht, in welchem Haus du wohnst, mit wem du lebst.
Weißt du, von wem du stammst?
Du weißt auch nicht, dass du ein Feind bist
den eigenen Verwandten
unten im Totenreich und oben auf der Erde.
Der Doppelfluch der Eltern wird dich aus diesem Land verjagen!
Noch hast du das Augenlicht, später dann die Finsternis!
Kein Ort, der nicht von deinem Schreien hallt, sei’s Ufer oder Berg.
Denn bald wirst du entdecken,
in welchem Hochzeitshafen du geankert hast,
in welches Sperrgebiet du eingelaufen bist.
Erst recht siehst du die Unzahl andrer Übel nicht:
Auf gleicher Stufe bist du mit dir selbst
und deine Kinder sind mit dir auf einer Stufe.
So spucke nur dem Kreon und mir ruhig ins Gesicht.
Unter den Menschen wird kaum einer
furchtbarer geschunden sein als du.

ÖDIPUS

Hält irgendeiner diesen Unflat aus?
Komm, scher dich weg! Wird’s bald! Mir aus den Augen!

Unflat: Dreck, Unrat

TEIRESIAS

Ich wäre kaum gekommen, wenn du mich nicht gerufen hättest!

Ödipus

Ich konnte ja nicht wissen,
welch wirres Zeug du von dir geben würdest!

Teiresias

Für dich bin ich ein Wirrkopf,
für die Eltern, die dich zeugten,
ein Mensch mit einigem Verstand.

Ödipus

Eltern? Welche? Bleib bei der Sache!
Wer hat mich geschaffen?

Teiresias

Noch dieser Tag heut wird dich schaffen.
Und vernichten.

Ödipus

Rätsel über Rätsel!

Teiresias

Bist du denn nicht der Mann, der Rätsel löst?

Ödipus

Das ist meine Stärke. Mach dich nur lustig!

Teiresias

Die Stärke wird dir zum Verhängnis.

Ödipus

Da ich diese Stadt gerettet habe, ist mir das einerlei!

Teiresias

Dann kann ich ja gehn. Kind, bring mich weg!

Ödipus

Geh nur, geh! Du bist im Weg, bist eine Qual!
Wir atmen auf, bist du erst weg.

Teiresias

Doch hör zuvor, warum ich kam.
Ich habe keine Angst vor dir.
Ich sag dir, dieser Mann, den du seit Langem suchst,
der Mann ist hier, ein Fremder, sagt man, zugereist.
Es wird sich später zeigen, dass er in der Stadt
geboren wurde.

Und diese Wendung freut ihn nicht.
Blind wird er sein, der jetzt noch sieht,
der Reiche wird ein Bettler.
Ins Ausland wird er mit dem Stabe tasten.
Und ferner kommt heraus:
Mit Kindern lebt der Mann zusammen,
denen er Vater und Bruder ist.
Und für die Frau, die ihn geboren,
ist er Sohn und Ehemann.
Er ist der Mörder seines Vaters und sein Nebenbuhler.
Nun geh ins Haus und überdenk dies gut.
Solltest du finden,
dass ich ein Lügner bin,
so denke ruhig,
dass meine Sehergabe Unsinn ist.

CHOR

Wer ist es, den der Fels des göttlichen Wortes in Delphi sah,
als er mit blutigen Händen das Unsagbare des Unsagbaren tat?
Zeit für ihn,
dass er den Fuß zur Flucht bewegt,
stärker als sturmschnelle Rosse.
Denn bewaffnet mit dem feurigen Blitz
springt Apollon ihn an, der Sohn des Zeus,
ihm folgen die Göttinnen, die den Tod unfehlbar vollstrecken.

Es flammte das Wort auf,
kaum war es im Schnee des Parnass erschienen,
dass jeder den unbekannten Mann aufspüren solle.
Denn er irrt durch weglosen Wald,
durch Höhlen, über Felsen,
wie ein Stier,

die Göttinnen … vollstrecken: *Myth.* die drei Schicksalsgöttinnen, die Moiren

Parnass: Gebirgsmassiv in Mittelgriechenland, an dessen Ausläufern Delphi gelegen ist; dem Apollon und den Musen, den Göttinnen der Künste, geweiht

Unglück auf Unglücksfüßen, allein.
Sucht dem Orakel vom Nabel der Erde zu entkommen.
Doch dies umschwirrt ihn für alle Zeit.

Nabel der Erde: gemeint ist Delphi

Furchtbar, furchtbar die Wirrnis,
die der kundige Seher hervorruft.
Unklar ist sie nicht, aber auch nicht deutlich.
Ich weiß nicht ein noch aus.
Ich schwebe in Ängsten,
seh nicht, was ist,
seh nicht, was kommt.
Welchen Grund zum Streit
hatten denn Kreon und der Sohn des Polybos?
Ich hab davon weder früher noch jetzt genug erfahren:
Darum kein Vorwurf.
Des Ödipus Ruhm ist landauf, landab nicht zu bestreiten.
Für mich ist er der Rächer eines ungeklärten Mords.

Sohn des Polybos: *Myth.* Ödipus, der von Polybos, dem kinderlosen König von Korinth, als Sohn angenommen worden war

Zeus und Apollon haben die Einsicht,
sie wissen, was Menschen bewegt.
Dass aber ein Seher mehr gilt als ich,
daran ist nichts Wahres.
Mag einer klug sein: Ein andrer ist klüger.
Doch niemals werde ich mich,
hab ich nicht sicheren Beweis,
zur Anklage versteigen.
Das Mädchen mit den Flügeln
war doch allen vor Augen,
als es ihn angriff:
Wir waren Zeugen seiner Kunst
und er wurde der Stadt lieb.
Von mir wird der Vorwurf
eines Verbrechens nicht kommen.

das Mädchen mit den Flügeln: gemeint ist die Sphinx

3

KREON
Bürger dieser Stadt: Ödipus, der Herrscher, hör ich,
sucht mich aufs Schwerste zu verklagen.
So kam ich her, denn ich ertrag das nicht.
Wenn er jetzt meint, ich hätte ihm geschadet,
in Worten oder Taten,
dann will ich keine Stunde länger leben.
Ich will in diesem Ruf nicht stehn!
Der Vorwurf trifft mich hart:
Wer möchte schon Verbrecher sein,
vor seinen Freunden als Verbrecher gelten!

ÄLTESTER
Der Vorwurf entstand vielleicht im Zorn
und nicht aus guter Überlegung.

KREON
Wie ist er nur darauf gekommen,
dass auf meinen Rat hin
der Seher falsch geredet hat?

ÄLTESTER
Das wurde zwar gesagt,
doch weiß ich nicht, in welcher Absicht.

KREON
Ist denn mit geradem Blick und geradem Sinn
die Klage gegen mich erhoben worden?

ÄLTESTER
Das weiß ich nicht.
Ich achte nicht auf das,
was Herrschende so machen.
Doch sieh, er kommt selbst aus dem Palast heraus.

ÖDIPUS
Du hier? Der wagt es?
Hat die Stirn, bis vor mein Haus zu kommen?

Ist es nicht sonnenklar, dass du der Mörder dieses Mannes bist?
Wolltest du mich nicht entmachten?
Sag mir, du hast mich wohl für schwach,
für blödsinnig gehalten,
als du auf diesen Plan gekommen bist?
Dachtest du wirklich, ich würde mich nicht wehren?
Ist das nicht Schwachsinn, was du planst?
Ohne Freunde, ohne Anhang nach der Macht zu jagen,
die sich nur mit Anhang und mit Geld erobern lässt.

KREON

Weißt du, was du tun musst?
Hör mich erst einmal an!
Dann sollst du mich richten!

ÖDIPUS

Du kannst große Reden schwingen!
Ich bin groß im Überhören.
Du bist mein Feind, der größte, den ich habe!

KREON

Genau das ist der Punkt!
Hör dir erst an, was ich dazu zu sagen habe!

ÖDIPUS

Genau das ist der Punkt!
Beweise, dass du kein Verräter bist!

KREON

Wenn du denkst,
Frechheit ohne Vernunft sei schon viel wert,
so denkst du schlecht.

ÖDIPUS

Wenn du denkst,
jemand, der seine Verwandten hintergeht,
käme ungestraft davon,
dann denkst du nicht recht.

KREON

Ich stimme zu: Das Recht, es ist auf deiner Seite.
Doch sag mir: Was für ein Unrecht hast du denn erlitten?

ÖDIPUS

Hast du den Rat gegeben,
ja oder nein,
den Seher zu befragen?

KREON

Ich steh noch jetzt zu meinem Rat.

ÖDIPUS

Wie lange ist es her, dass Laios –

KREON

Was getan hat? Ich verstehe nicht –

ÖDIPUS

Spurlos von hier verschwand?

KREON

Unglaublich lange ist das her.

ÖDIPUS

Und damals übte der Seher schon seine Kunst?

KREON

Gewiss. Damals wie heute hoch geehrt und weise.

ÖDIPUS

Hat er auch mich in jener Zeit erwähnt?

KREON

Nicht dass ich wüsste. Also, wenn ich dabei war: nicht.

ÖDIPUS

Und ihr habt alles unternommen,
dem Mörder auf die Spur zu kommen?

KREON

Wir haben alles unternommen.
Doch in der Sache kamen wir nicht weiter.

ÖDIPUS

Doch er, der sich so auskennt:
Warum hat er nichts gesagt?

Kreon

Ich weiß es nicht. Wo ich nichts weiß, da bin ich lieber stumm.

Ödipus

Doch über dich weißt du Bescheid.

Kreon

Was denn? Was ich weiß, das sag ich auch.

Ödipus

Wenn er nicht mit dir im Bunde wäre,
hätt' er nie diesen Mord an Laios
mein Werk genannt.

Kreon

Du musst es doch am besten wissen.
Doch will ich, wie's mir zusteht, nun auch dich befragen.

Ödipus

Verhör mich nur, mich macht man nicht zum Mörder!

Kreon

Sag mir, meine Schwester ist doch deine Frau?

Ödipus

Das kann ich nicht bestreiten.

Kreon

Ihr teilt euch eure Macht?

Ödipus

Was sie verlangt, bekommt sie auch von mir.

Kreon

Und ich, bin ich euch gleich als Dritter?

Ödipus

Das ist es doch. Darin zeigst du dich ja als falscher Freund!

Kreon

Nein! Überleg doch mal wie ich!
Glaubst du, es würde jemand gern in Angst regieren,
der, wenn er doch die gleiche Macht besitzt,
dabei in großer Ruhe schlafen kann?

Ich jedenfalls bin gar nicht darauf aus, zu herrschen,
kann ich doch wie ein Herrscher *handeln*.
Und jedem, der Vernunft hat, geht es ähnlich.
Ich habe alles, was ich bin, durch dich:
Wär ich am Ruder, müsst ich vieles gegen meinen
Willen tun.
Und so zu herrschen ist mir angenehm.
Bin ich denn ganz und gar verblendet,
mir anderes zu wünschen als Dinge, die mir Vorteil
bringen?
Jetzt hat mich jeder gern, ich bin bei allen gern
gesehn.
Sie sind ganz wild nach mir, die Leute,
wenn sie von dir was wollen,
denn ihr Erfolg liegt ganz bei mir.
Da frag ich dich:
Warum soll ich darauf verzichten?
Wer recht denkt, aus dem wird keiner, der nach
Umsturz sinnt.
Ich bin der Mann nicht, der sich von so etwas
verlocken lässt,
auch einem anderen, der so handelt,
wär ich kaum geneigt, mich zu verbünden.
Und willst du den Beweis dafür, dass dem so ist,
so geh nach Delphi, frag,
ob ich den Spruch des Gottes nicht richtig überliefert
habe.
Und solltest du mich überführen können,
dass ich mit dem Zeichendeuter unter einer Decke
stecke,
dann gibt es nicht nur *eine* Stimme, die mich zu Tode
bringt,
nein, dann hast du auch die meine.
Doch mit einem bloßen Ungefähr
klage mich nicht an.

Es geht nicht an, den Guten bös, den Bösen gut zu nennen.
Was einem lieb ist, zu verstoßen, etwa einen Freund,
heißt, sich das eigne Leben auszureißen.
Allmählich wirst du das erkennen.
Die Zeit allein zeigt, wer gerecht ist,
den Bösen erkennst du schon an *einem* Tag.

Ältester

Er sprach vernünftig, Herr,
für einen, der nicht stürzen will.
Denn wer zu schnell denkt,
der kommt leicht zu Fall.

Ödipus

Wenn die Verschwörer im Verborgenen rasch handeln,
muss ich hier öffentlich rasch handeln,
sonst hab ich verloren.

Kreon

Was willst du denn? Willst du mich aus dem Land verjagen?

Ödipus

Keineswegs, ich will deinen Tod, nicht dein Exil.

Kreon

Erst zeig mir, was sich hinter deinem Hass verbirgt.

Ödipus

Du zeigst mir nur, dass du dich weder unterwerfen
noch gehorchen willst.

Kreon

Ich sehe, du bist nicht bei Sinnen!

Ödipus

In meiner Sache!

Kreon

Auch an meine sollst du denken!

Ödipus

Nein, du bist schlecht.

KREON
Und wenn du einfach nichts begreifst?
ÖDIPUS
So musst du doch gehorchen!
KREON
Dem schlechten Herrscher nicht.
ÖDIPUS
Stadt, o meine Stadt!
KREON
Auch ich hab Anteil an der Stadt,
sie gehört nicht dir allein.
ÄLTESTER
Hört auf, ihr Herrscher!
Zur rechten Zeit seh ich Iokaste aus dem Hause kommen.
Sie muss den Streit nun schlichten.
IOKASTE
Warum, ihr Elenden,
habt ihr bloß diesen unbedachten Streit der Zungen angefangen?
Schämt ihr euch nicht,
wo doch das Land so krank daniederliegt,
die eignen Sachen auszufechten?
Geh sofort in den Palast zurück
und auch du, Kreon, gehst nach Haus!
Bauscht nicht ein Nichts zur Größe auf!
KREON
Schwester, schrecklich,
was Ödipus, dein Mann, mir antun will!
Von zwei Übeln hat er eines für mich ausgewählt:
Verbannung oder Tod!
ÖDIPUS
Allerdings.
Ich habe ihn ertappt:

Streit der Zungen: heftiges, lautstarkes Wortgefecht

Er wollte mir ans Leben.
Boshaft ist er, tückisch.

Kreon

Ich will verflucht sein,
hätt' ich so etwas geplant.

Iokaste

O bei den Göttern, glaub ihm das, Ödipus!
Er schwört bei den Göttern,
er schwört es auch vor mir,
er schwört es hier vor allen Leuten.

Chor

Gib nach, Herr!
Überlege!
Ich flehe dich an!

Ödipus

Was willst du?
Was denn soll ich gewähren?

Chor

Achte diesen Mann,
der noch nie ein Dummkopf war
und jetzt mächtig ist durch seinen Schwur.

Ödipus

Weißt du, was du von mir verlangst?

Chor

Ich weiß es.

Ödipus

Sag, was du meinst.

Chor

Wirf den Freund,
der geschworen hat,
niemals mit unbewiesenen Reden,
geächtet, aus dem Land!

Ödipus

Dann sage ich dir klar:
Wenn es das ist, was du forderst,

wirfst du *mich* aus dem Land,
betreibst du *meinen* Untergang.

CHOR

Nein, beim Sonnengott, der für alle Götter steht:
Lieber will ich elend sterben, gottverlassen, ohne Freund,
wenn ich solches denke!
Es zerfrisst mir das Herz,
wie dieses Land zugrunde geht
und euer Streit
zum alten Leid ein neues fügt.

Sonnengott: *Myth.* der griech. Sonnengott Helios besaß sehr viel Macht und wurde deshalb Zeus und später auch Apollon gleichgesetzt

ÖDIPUS

Soll er denn gehn!
Kommt es auch zum Äußersten:
zu meinem Tod
oder zu meiner Ächtung und gewaltsamen Verstoßung aus dem Land!
Dir geb ich nach, nicht ihm!
Er bleibt mein Todfeind, wo er steht und geht.

KREON

Du gibst zwar nach, dein Hass jedoch sitzt tief.
Und überlässt du dich der Wut, so bist du unerträglich.
Wer so ist wie du, fällt sich nur selbst zur Last.
Und das mit Recht.

ÖDIPUS

Lass mich in Ruhe!

KREON

Ich geh ja schon!
Von dir bin ich verkannt,
doch alle Übrigen,
sie denken so wie ich.

CHOR

Frau, was zögerst du, den Mann ins Haus zu bringen?

IOKASTE

Erst wenn ich weiß, was vorgefallen ist.

CHOR

Ein Argwohn tauchte auf.
Nur Worte, doch der Vorwurf brennt,
auch wenn er unberechtigt ist.

IOKASTE

Vom einen wie vom andern?

CHOR

Ja.

IOKASTE

Und wovon war die Rede?

CHOR

Es reicht, scheint mir, es reicht,
da das Land so leidet,
wenn die Rede bleibt, wo sie geendet hat.

ÖDIPUS

So weit ist es gekommen mit deiner Weisheit:
Meine Sache gibst du auf
und dein Herz stumpfst du ab.

CHOR

Mein Herrscher!
Nicht einmal nur hab ich's gesagt:
Ich wär doch nicht bei Sinnen,
sagte ich mich von dir los!
Du warst es doch, der mein liebes Land
aus den Strudeln der Not
wieder auf geraden Kurs gebracht hat.
Sei auch jetzt ein guter Lenker,
wenn du dazu imstande bist.

IOKASTE

Bei den Göttern, erklär auch mir, Herr,
warum du so in Zorn geraten bist!

ÖDIPUS

Ich werde reden.
Denn du bist mir mehr als diese.
Dich, meine Frau, verehre ich.

Es geht um Kreon.
Um die Verschwörung gegen mich,
die er angezettelt hat.

IOKASTE

Sag es,
wenn feststeht, welchen Grund zum Streit es gab.

ÖDIPUS

Er sagt, ich hätte Laios umgebracht.

IOKASTE

Und woher weiß er das?
Hat es ein andrer ihm gesagt?

ÖDIPUS

Den Seher hat er vorgeschickt, den Übeltäter.
Er selbst hält seinen Mund von solchen Sachen frei.

IOKASTE

Den Seher?
Dann lass die Sache nur auf sich beruhn.
Hör auf mich und lass dir sagen,
dass das, was Menschen treiben,
von Seherkunst ganz unabhängig ist.
Ich geb dir dafür den Beweis.
Zu Laios kam einst ein Orakelspruch
– ich will nicht sagen, von Apollon selbst,
doch von seiner Dienerschaft –,
es sei ihm bestimmt,
durch seinen eignen Sohn zu sterben,
der ihm und mir geboren würde.
Nun haben ihn, wie jeder weiß,
Räuber, Fremde, an einem Dreiweg umgebracht.
Dem Sohn jedoch, kaum war er drei Tage alt,
band er die Fußgelenke fest
und ließ ihn durch fremde Hand
ins wildeste Gebirge werfen.
Du siehst, Apollon hat keineswegs bewirkt,
dass er zum Mörder seines Vaters wurde,

auch nicht, dass Laios jenes schreckliche Geschick erlitt,
das ihn so ängstigte:
das Opfer seines Sohns zu werden.
Und doch hatten die Sehersprüche das so festgelegt.
Lass doch das ganze Zeug!
Denn wenn der Gott in eigner Sache tätig werden will,
so macht er's selber deutlich.

ÖDIPUS

Was ist es bloß, seit ich dich höre,
das mir den Sinn verwirrt?
Was steigt da in meinem Herzen hoch?

IOKASTE

Welcher Gedanke plagt dich so?

ÖDIPUS

Mir kam es vor, als hörte ich dich sagen,
dass Laios an einem Dreiweg erschlagen worden ist.

IOKASTE

So wurde es berichtet
und so erzählt man es noch heute.

ÖDIPUS

Wie heißt der Ort, wo das geschah?

IOKASTE

Das Land heißt Phokis.

Phokis: Gebirgslandschaft in Mittelgriechenland

ÖDIPUS

Wie viel Zeit ist seitdem vergangen?

IOKASTE

Kurz bevor du hier
die Herrschaft übernahmst,
gab man die Nachricht in der Stadt bekannt.

ÖDIPUS

O Zeus! Was hast du mit mir vor?

IOKASTE

Was ist es, das dich so bedrückt, Ödipus?

Ödipus

Frag mich noch nicht.
Sag mir erst: Wie sah Laios aus?
Wie alt war er?

Iokaste

Groß war er.
Ein weißer Schimmer färbte schon sein Haar.
Sein Aussehn war dem deinen ähnlich.

Ödipus

Ich Armer!
Mir scheint, ich hab mich selbst verflucht
und hatte keine Ahnung.

Iokaste

Wie sprichst du nur?
Du machst mir Angst, wenn ich dich so sehe, Herr.

Ödipus

Ein furchtbarer Verdacht steigt in mir auf.
Entsetzlich, wie entsetzlich!
Der Seher hat vielleicht doch recht gesehn!
Sag mir noch eins, dann wird es sich erhellen!

Iokaste

Du machst mir Angst.
Doch was du auch fragst:
Was ich weiß, werde ich sagen.

Ödipus

Wie groß war sein Gefolge?
War es klein?
War er als Herrscher nicht von großem Tross umgeben?

Iokaste

Im ganzen fünf.
Ein Herold war darunter.
Und nur ein Wagen, auf dem Laios fuhr.

Herold: Bote, Verkünder

Ödipus

Weh! Weh! Das ist nun schon klar!
Wer aber hat euch alles dies berichtet?

Iokaste

Ein Diener, der entkommen ist.

Ödipus

Ist dieser Diener jetzt noch bei uns?

Iokaste

Nein, nein!
Seit er von dort gekommen war
und noch den Anfang deiner Herrschaft miterlebte,
ergriff er meine Hand
und bat mich flehentlich,
ihn auf die Felder, zu den Viehherden zu schicken,
weit weg, dorthin, wo niemand aus der Stadt ihn sähe.
So hab ich ihn gelassen.
Er hatte mehr als jeder andere Sklave diese Gunst verdient.

Ödipus

Kann man ihn schleunigst wieder zu uns holen?

Iokaste

Gewiss.
Doch warum willst du das?

Ödipus

Ich glaube, ich fürchte –
ich hab schon allzu viel gesagt,
weswegen ich ihn sehen will.

Iokaste

Gut, er wird kommen.
Doch bitte, sage mir,
was dich so sehr bedrückt.

Ödipus

Hab keine Angst,
du wirst erfahren,
wohin mich meine Ahnungen getrieben haben.
Was wäre denn auch wichtiger, als mit dir zu reden,
da ich durch diese Prüfung gehe.
Mein Vater war Polybos von Korinth.

Meine Mutter hieß Merope
und war aus dorischem Geschlecht.
Ich war hoch angesehen in der Stadt,
bis mich ein Zufall traf –
ein Anlass, sich zu wundern zwar,
doch kaum des Eifers wert,
der mich ergriff.
Es hatte sich beim Gastmahl ein Mann im Übermaß betrunken
und gab mir einen Namen, der besagte,
ich sei nicht meines Vaters echter Sohn.
Schwer getroffen hielt ich mich an jenem Tag zurück.
Am folgenden ging ich zur Mutter und zum Vater hin
und stellte ihnen Fragen.
Sie waren aufgebracht und zürnten diesem Mann,
dem solches Wort entfahren war.
Darüber war ich froh.
Doch fraß sich jenes Wort tiefer und tiefer in mich hinein.
Es ließ mir keine Ruhe.
Es sprach sich auch herum.
Ich ging nach Delphi, heimlich,
doch gab der Gott mir keine Antwort.
Stattdessen verkündete er mir fürchterliches Unheil:
Ich müsst mit meiner Mutter schlafen
und ein Geschlecht würd ich zutage bringen,
das anzuschauen den Menschen unerträglich wäre;
ich würde außerdem zum Mörder meines Vaters.
Als ich dies hörte,
beschloss ich
– die Lage von Korinth hinfort nur an den Sternen messend –,
in ein Nirgendwo zu flüchten,
damit ich nie erleben müsste,
wie sich die schändlichen, die schlimmen Sprüche,

dorisches Geschlecht: Stamm der Dorier bzw. Dorer, anfangs im Nordwesten Griechenlands ansässig, später im ganzen Land

die mir zuteil geworden waren, erfüllten.
Auf meinem Weg gelangte ich in diese Gegend,
wo, wie du sagtest,
dieser Herrscher umgekommen ist.
Ich sag dir, Frau, wie es in Wahrheit war.
Wie ich da ging und nahe an dem Dreiweg war,
begegnet' mir ein Herold,
hinter ihm auf einem Pferdewagen stand ein Mann,
genau wie du ihn schilderst.
Da wollten mich der Wagenlenker und der alte Mann
aus dem Wege stoßen – mit Gewalt.
Ich schlug zurück in Wut und traf den Wagenlenker.
Der Alte sieht es, wartet ab,
bis ich vorbeigeh,
da schlägt er mir mit seinem Zweizack
mitten auf den Kopf.
Ungleich war, was er dafür zahlte:
Vom Stock in meiner Hand getroffen,
stürzt er rücklings aus dem Wagen
und rollt zu Boden.
Ich töte sie allesamt. –
Wenn nun der Fremde,
von dem ich hier berichte,
mit Laios etwas Verwandtes hat:
Gibt's einen Mann, der gottverhasster wäre,
dem es unmöglich ist,
bei irgendwem, sei's nun ein Fremder oder Bürger,
Unterschlupf zu finden?
Den niemand anzureden wagt,
den jeder aus seinem Haus verstoßen muss?
Und diesen Fluch, ich hab ihn doch verhängt,
ich und kein anderer –
gegen mich selbst.
Ich schände das Bett des Toten mit eben diesen Händen,

durch die er umgekommen ist.
Bin ich nicht selbst die Schande?
Bin ich nicht in meinem ganzen Wesen ein Befleckter,
einer, der immer fliehen muss
und der auf seiner Flucht weder die Seinen sehen
noch die väterliche Erde wiedersehen darf?
Aus Angst, er müsse sonst mit seiner Mutter
schlafen
und den Vater töten: Polybos,
der mich gezeugt und aufgezogen hat!
Hätte der nicht recht,
der hier die Gottheit grausam wirken sähe?
Nein, nein! Unbefleckte Heiligkeit der Götter:
Lass mich nie diesen Unglückstag erblicken,
lieber aus dem Verband der Menschen spurlos
verschwinden,
bevor ich sehen muss,
wie mich die Schmach des Unglücks trifft.

ÄLTESTER
All dieses macht mir Angst, mein Herrscher!
Doch bis der Mann nicht da ist,
solange du von ihm nicht alles weißt,
verliere nicht die Zuversicht!

ÖDIPUS
Dies bisschen Hoffnung bleibt mir noch:
diesen Mann, den Hirten, abzuwarten!

IOKASTE
Und wenn er da ist,
was willst du dann von ihm?

ÖDIPUS
Ich will es dir erklären:
Wenn er bestätigt, was du sagst,
wäre ich mein Verhängnis los.

IOKASTE
Was hab ich denn so Wichtiges gesagt?

Ödipus

Du sagtest doch, der Mann hätte berichtet,
Räuber hätten Laios umgebracht.
Wenn er dabei bleibt,
kann ich nicht der Mörder sein.
Einer sind nicht viele.
Spricht er jedoch von einem einzigen Mann,
dann fällt die Tat auf mich.

Iokaste

Er sagte, es seien mehrere gewesen.
Das kann er nicht so einfach widerrufen.
Die ganze Stadt hat es gehört, nicht ich allein.
Und geht er auch davon ein wenig ab,
ist das noch kein Beweis dafür,
dass der Mord an Laios
so eintraf, wie geweissagt wurde.
Hat doch Apollon klar gesagt,
er werde durch den von mir geborenen Sohn
ums Leben kommen.
Doch jener Unglückselige kann es nicht sein.
Er ist ja vorher schon gestorben!
Darum kann ich Orakelsprüchen nichts mehr abgewinnen,
wenn doch später alles anders ist.

Ödipus

Das klingt vernünftig.
Schick aber trotzdem jemand los
und lass den Hirten holen,
unterlass es nicht.

Iokaste

Es wird sogleich geschehn.
Doch geh mit mir ins Haus.
Du weißt ja,
nie werd ich etwas tun, was dir missfällt.

CHOR

Hätte ich doch die Kraft,
heilige Reinheit in Worten und in all meinen Taten
jederzeit zu bewahren!
Denn sie richten sich
nach den hochwandelnden Gesetzen,
die im Himmel geboren sind,
der Olymp allein ist ihr Vater;
nicht die sterbliche Natur der Menschen hat sie hervorgebracht
und nie soll das Vergessen sie in Schlaf versenken.
Groß lebt in ihnen ein Gott
und er altert nicht.

Olymp: Sitz der Götter

Hybris, Überheblichkeit, erzeugt den Tyrannen:
Überheblichkeit,
wenn sie sich nährt an leerer Überfülle.
Sie kennt weder Recht noch Nutzen,
tollkühn strebt sie zum Gipfel,
bis sie plötzlich an den Rand eines steilen Abgrunds stößt,
wo der Fuß keinen Halt mehr hat.
Ich flehe den Gott an,
dem Streit, der für die Stadt gut ist, kein Ende zu setzen.
Nie werde ich aufhören,
an dem Gott als Beschützer festzuhalten.

Hybris: Hochmut, Vermessenheit

Wenn aber einer überheblich in Worten und Taten daherkommt,
die Gerechtigkeit nicht fürchtet
und die Sitze der Götter nicht ehrt,
so soll ihn ein böses Schicksal hinwegtragen,
weil er so eitel prahlt
und das Unantastbare antastet!

Welcher Mann könnte da noch,
wenn es so weit gekommen,
mit seinem Herzen die Pfeile abwehren,
die sein Leben treffen?
Wenn solch böses Tun gepriesen wird –
wozu soll ich dann tanzen?

Ich gehe nicht mehr zum unantastbaren Nabel der Erde,
nicht zu Apollons Tempel in Abai, nicht nach Olympia,
wenn die Orakel nicht
handgreiflich vor aller Augen sind.
Doch du, Mächtiger,
wenn du, Zeus, zu Recht Herrscher der Welt genannt wirst,
lass es dir und deiner dauernden Herrschaft nicht entgehen:
Denn sieh,
es werden jetzt die Orakel an Laios für null und nichtig erklärt.
Und nirgends strahlt Apollon in seiner Ehre,
die Scheu vor dem Göttlichen gibt es nicht mehr.

Abai: Stadt in Mittelgriechenland

Olympia: Heiligtum des Zeus, im Nordwesten der Halbinsel Peloponnes

die Orakel … Augen sind: gemeint ist, dass die Orakel sich auch bewahrheiten

4

IOKASTE

Herrscher Thebens!
Mir kam der Gedanke,
die Tempel der Götter aufzusuchen
mit diesen Gaben in den Händen:
Zweigen und Räucherwerk.
Denn zu sehr überlässt sich Ödipus
seiner Leidenschaft in Qualen aller Art
und beurteilt nicht,
wie ein Besonnener das tut,
das Neue nach dem Alten.
Nein, jedem Wort verfällt er, das ihm Schrecken macht.
Da ich mit meinem Zuspruch bei ihm nichts erreiche,
wend ich mich an dich, lykischer Apoll,
denn du bist mir der Nächste:
Als Flehende stehe ich hier mit meinen Bitten,
dass du uns leuchtende Erlösung gibst.
Denn jetzt macht es uns Angst,
ihn schreckverstört zu sehen,
da er doch Steuermann des Schiffes ist.

lykischer Apoll: Lykeios ist der Beiname des Gottes Apoll, verweist auf das griech. Wort für Wolf

BOTE AUS KORINTH

Kann mir jemand von euch Fremden sagen,
wo das Haus des Herrschers steht, des Ödipus?
Besser noch: Wo ist er selbst, wenn ihr es wisst?

ÄLTESTER

Dies ist sein Haus und er ist drinnen, Fremder.
Die Frau hier ist die Mutter seiner Kinder.

BOTE

Sie lebe glücklich allezeit mit Glücklichen zusammen,
weil sie, ich seh's, fraglos die Gattin jenes großen
Mannes ist.

Iokaste

Für dich soll auch dasselbe gelten, Fremder,
denn du verdienst es deiner schönen Worte
wegen.
Doch sag, warum bist du gekommen,
was willst du, was hast du auszurichten.

Bote

Gute Botschaft für das Haus und deinen Mann.

Iokaste

Botschaft, welcher Art? Wer hat dich hergeschickt?

Bote

Die Nachricht, die ich dir gleich sagen werde,
sie bringt dir Freude – wieso auch nicht? –,
möglicherweise aber Schmerz.

Iokaste

Wie lautet sie? Wie kommt's, dass sie so
doppeldeutig ist?

Bote

Land am Isthmos: Landenge, verbindet das giech. Festland mit der Halbinsel Peloponnes

Die Leute meines Lands am Isthmos
wollen ihn, wie dort zu hören war,
zu ihrem Herrscher machen.

Iokaste

So hat der alte Polybos nicht mehr die Macht?

Bote

Wie sollte er, da ihn der Tod ereilt hat.

Iokaste

Was hast du gesagt?
Polybos ist tot?

Bote

Wenn es nicht stimmt, so will ich selber tot sein.

Iokaste

Geh, Mädchen, schnell zu deinem Herrn mit dieser
Nachricht.
O ihr Orakel der Götter, wo seid ihr jetzt?
Das ist der Mann,

den Ödipus seit Langem so gemieden hat,
aus Furcht, er wird ihn töten!
Doch nun stirbt Polybos von ganz allein,
nicht durch die Hand des Sohns!

Ödipus

Iokaste, meine allerliebste Frau!

Iokaste

Hör diesen Mann!
Und dann sieh zu, wo sie geblieben sind, die hohen Göttersprüche!

Ödipus

Wer ist der Mann, was hat er mir zu sagen?

Iokaste

Er kommt aus Korinth und bringt uns die Nachricht:
Dein Vater Polybos ist tot.

Ödipus

Wag sagst du, Fremder? Erzähle es mir selbst!

Bote

Ja, wenn du dies als Erstes hören willst,
so sollst du wissen, jener Mann ist tot.

Ödipus

Durch Intrige? Durch Krankheit?

Bote

Der kleinste Anstoß streckt den greisen Körper nieder.

Ödipus

So hat ihn also eine Krankheit weggenommen?

Bote

Und auch die lange Lebenszeit, die er durchmessen.

Ödipus

Sieh an, sieh an!
Wie soll da einer jetzt noch zur Seherkunst nach Delphi schauen
oder zum Himmel, wo die Vögel kreischen?
Nach deren Zeichen sollt ich meinen Vater töten.
Tot liegt der nun unter der Erde.

nach deren Zeichen: Verweis u. a. auf die Vogelschau, in der die Zukunft aus dem Flug der Vögel gedeutet wurde

Und ich hier oben,
ich habe an kein Schwert gerührt.
Es sei denn, die Sehnsucht nach mir hätte ihn umgebracht –
dann freilich wäre er durch mich gestorben.
Ach was, er hat die Göttersprüche mit ins Grab genommen:
Die gelten jetzt nichts mehr.

IOKASTE

Hab ich dir das nicht schon längst gesagt?

ÖDIPUS

Du hast, doch ich war irr vor Angst.

IOKASTE

Von dieser Narrheit lässt du nun.

ÖDIPUS

Noch ist mir vor dem Bett der Mutter bang.

IOKASTE

Was hat ein Mensch zu fürchten, wenn er weiß,
dass alle Macht der Zufall hat.
Wozu im Voraus denken?
Am besten ist, es lebt ein jeder, wie es ihm gefällt,
wenn er die Kraft dazu verspürt!
Du hast vom Bett der Mutter nichts zu fürchten.
Es haben viele schon davon geträumt,
in diesem Bett zu liegen.
Wer sich daraus nichts macht,
dem fällt's auch leicht zu leben.

ÖDIPUS

Du hast das alles wunderschön gesagt –
wenn meine Mutter nicht noch lebte!
Doch da sie lebt, bleibt meine Furcht bestehn,
so herrlich du auch redest.

IOKASTE

Das Grab des Vaters ist dann doch ein großer Lichtblick.

Ödipus

Ein großer, das ist wahr,
doch vor der Lebenden bleibt mir die Furcht.

Bote

Wer ist denn diese Frau, die euch in solche Furcht versetzt?

Ödipus

Merope ist es, Alter, die mit Polybos zusammenlebte!

Bote

Was habt ihr denn von ihr zu fürchten?

Ödipus

Ein gottgesandtes, furchtbares,
schreckliches Orakel, Fremder.

Bote

Kannst du es sagen? Oder darf's kein andrer wissen?

Ödipus

Doch, ja. Apoll hat einst gesagt,
ich müsse mit der Mutter schlafen
und dem eignen Vater nach dem Leben trachten.
Deswegen bin ich aus Korinth vor langer Zeit geflohen.
Zu meinem Glück!
Gewiss! Doch gibt es keine größre Freude,
als den Eltern ins Gesicht zu blicken.

Bote

Angst hat dich ferngehalten von Korinth?

Ödipus

Ich wollte, Alter, nicht zum Mörder meines Vaters werden.

Bote

Warum hab ich dich nicht sofort, Herr, von dieser Angst befreit?
Ich will dir ja nur gut.

Ödipus

Sei sicher, du bekommst den Lohn, den du verdienst.

BOTE

Deswegen bin ich ja gekommen:
Ich dachte auch an meinen Vorteil,
wenn du nach Hause kommst.

ÖDIPUS

Ich werde niemals dorthin gehen,
wo ich meine Eltern treffe.

BOTE

Ach Kind! Es zeigt sich allzu deutlich,
du weißt nicht, was du tust.

ÖDIPUS

Wieso? Alter, bei den Göttern, sag, was du meinst, genau!

BOTE

Ihretwegen willst du nicht zurück?

ÖDIPUS

Ja, aus Angst. Es könnte sich am Ende zeigen,
dass Apollon recht behält.

BOTE

Dass du an deinen Eltern dich vergehst?

ÖDIPUS

Das ist es. Das hält mich in steter Angst.

BOTE

So wisse denn, du zitterst ohne Grund.

ÖDIPUS

Wieso? Ich bin der Sohn doch dieser Eltern!

BOTE

Nein, du stammst nicht von Polybos!

ÖDIPUS

Was sagst du? Polybos ist nicht mein Vater?

BOTE

Nein, nein! So wenig, als ich selbst dein Vater bin.

ÖDIPUS

Warum hat er mich seinen Sohn genannt?

BOTE
Er hat dich aus meinen Händen als Geschenk bekommen.

ÖDIPUS
Und hat mich dann, obwohl aus fremder Hand, so sehr geliebt?

BOTE
Er selbst, er hatte keine Kinder.
Das hat ihn dazu gebracht.

ÖDIPUS
Als du mich ihm gabst:
Hattest du mich gekauft?
War ich dein eignes Kind?

BOTE
Ich habe dich gefunden in den Felsenschluchten des Kithairon.

Kithairon: Gebirge in Griechenland

ÖDIPUS
Wie kamst du denn in diese Gegend?

BOTE
Ich hab die Herden im Gebirg gehütet.

ÖDIPUS
Ein Hirte warst du? Oder zogst du herum für Tagelohn?

BOTE
Dein Lebensretter war ich, Kind, zu jener Zeit.

ÖDIPUS
Wie das? Auf welche Art war ich verletzt,
als du mich aufgelesen hast?

BOTE
Das zeigen deine Füße.

ÖDIPUS
Oje, was kommst du nur auf diesen alten Makel?

BOTE
Ich löste die durchstochnen Füße.

ÖDIPUS
Furchtbares Schandmal: Ich trag es von der Wiege an!

BOTE
Aus diesem Zufall stammt dein Name
und sagt dir, wer du bist.
ÖDIPUS
Wer gab mir diesen Namen?
Mutter oder Vater, sprich!
BOTE
Weiß nicht.
Der dich mir gab, der kennt die Sache besser.
ÖDIPUS
Von einem andern hast du mich bekommen?
BOTE
Ein anderer Hirte hat dich mir gegeben.
ÖDIPUS
Wer ist es? Kennst du ihn?
BOTE
Gewiss, er war einer von Laios' Leuten.
ÖDIPUS
Des Herrschers, der einst dieses Land regierte?
BOTE
So ist es. Der Mann war Hirte jenes Herrschers.
ÖDIPUS
Und lebt er noch? Kann man ihn sehen?
BOTE
Ihr, die ihr hier zu Hause seid, müsst das am besten wissen.
ÖDIPUS
Ist einer unter euch,
der jenen Hirten kennt, von dem er spricht?
Der ihn gesehn hat auf der Weide oder in der Stadt?
So zeigt es an!
Der rechte Augenblick ist da, es nun herauszufinden.
ÄLTESTER
Ich meine,
es ist kein andrer als der Mann vom Land,

den du vorhin schon sehen wolltest.
Doch sie hier, Iokaste,
wird es dir gewiss am besten sagen können.

ÖDIPUS

Frau, ist es derselbe, den dieser meint
und den wir vorhin holen ließen?

IOKASTE

Wen immer er damit gemeint hat!
Scher dich nicht darum!
Nur überflüssiges Gerede!

ÖDIPUS

Wenn ich schon Zeichen über meine Herkunft habe,
muss ich sie auch enthüllen!

IOKASTE

Nein, bei den Göttern!
Ist dir dein Leben etwas wert,
lass das Gefrage!
Genug: Du machst mich damit krank!

ÖDIPUS

Hab keine Angst!
Auch wenn sich zeigt,
dass ich der Sohn und Enkel von Sklavenmüttern bin –
du wirst niemals als gering erscheinen.

IOKASTE

Dennoch hör auf mich! Ich flehe, tu das nicht!

ÖDIPUS

Ich höre nicht auf dich, ich muss es wissen, ganz genau!

IOKASTE

Und ich seh ganz genau: Was ich hier sage, ist für dich das Beste.

ÖDIPUS

Dies Beste quält mich lange schon.

Iokaste

O könntest du doch nie erfahren, wer du bist!

Ödipus

Schaff einer mir den Hirten her! Rasch!
Sie aber lasst mit ihrer reichen Herkunft prahlen!

Iokaste

Weh dir, du Unglücksmann!
Dies ist der letzte Name, den ich für dich habe,
einen andren hörst du niemals mehr von mir.

Ältester

Warum ist die Frau gegangen, Ödipus,
heftig bewegt von wildem Schmerz?
Ich fürchte, schweres Unheil bricht aus diesem
Schweigen.

Ödipus

Soll brechen, was da will!
Ich will meine Herkunft wissen,
wie unerheblich sie auch sei.
Sie aber, stolz wie Frauen sind,
schämt sich meiner niederen Geburt.
Ich aber halte mich für das Kind des Zufalls –
er schenkt nur Gutes;
ich fürchte dann Verachtung nicht.
Ihn habe ich zur Mutter,
die mitgeborenen Monde meines Lebens
machten mich klein, machten mich groß.
So wie ich bin, kann ich kein anderer werden
und ich kann nie darauf verzichten,
meiner Herkunft bis ins Letzte nachzugehn.

Monde: gemeint ist die bis jetzt vergangene Zeit des Lebens

Chor

Wenn ich Seher bin und aus Erkenntnis wissend:
Dann – der Olymp sei mein Zeuge -, dann
wirst du, Kithairon,
morgen beim Schein des Vollmonds erleben,
wie dich Ödipus

zum Gesellen, zur Amme und Mutter machen wird.
Und wie wir dich in Tänzen feiern
für all das Gute, das du meinem Herrscher bringst!
Apollon, du Hilfreicher, sei auch dir das Fest eine Lust!
Wer nur, mein Sohn, wer hat dich geboren?
War es eine der fast unsterblichen Nymphen?
Eine, die es mit Pan getrieben hat,
der durch die Berge schweifte?
Oder mit Apoll, dem all die Weiden der Wildnis
angenehm sind?
Hat etwa Hermes
oder hat etwa der bakchische Gott,
der auf den hohen Bergen wohnt,
den Fund von einer der dunkeläugigen Nymphen
bekommen,
mit denen er sich am liebsten vergnügt?

Nymphen: *Myth.* weibliche Naturgottheiten

Pan: Gott der Hirten und der Herden, Sohn von Hermes

Hermes: Gott der Reisenden, Wanderer, Hirten und Kaufleute; als Götterbote verkündet er die Beschlüsse von Zeus

bakchischer Gott: gemeint ist Dionysos

5

Ödipus

Täusch ich mich nicht, so kommt uns dort der Hirte,
den ich nie gesehn
und den wir lang schon suchen.
Er hat das gleiche hohe Alter wie der Mann,
der bei uns steht.
Jedenfalls erkenn ich in den Leuten, die ihn bringen,
meine Diener.
Du aber weißt es besser,
du hast den Hirten früher schon gesehn.

Ältester

Ich kenne ihn, er ist es.
Er gehörte dem Laios und diente ihm als Hirte.
Treuer als er war keiner.

Ödipus

Ich befrage dich als Ersten, Fremder aus Korinth:
Ist dies der Mann, den du gemeint hast?

Bote aus Korinth

Genau, den meine ich.

Ödipus

He, Alter!
Komm her, sieh mir in die Augen!
Und antworte auf meine Fragen!
Du hast früher dem Laios angehört?

Hirte des Laios

Ja, ich war sein Sklave, doch kein gekaufter;
ich wurde in seinem Haus erzogen.

Ödipus

Was hattest du für ihn zu tun?

Hirte

Fast die ganze Zeit verbracht ich draußen bei den
Herden.

ÖDIPUS
In welcher Gegend hast du sie gehütet?

HIRTE
Am Kithairon oder in der Nähe.

ÖDIPUS
So kennst du wohl von damals diesen Mann?

HIRTE
Was hat er damals dort getan? Wen meinst du überhaupt?

ÖDIPUS
Diesen Mann hier.
Hast du sonst mit ihm zu tun gehabt?

HIRTE
Nein, nicht dass ich mich so schnell erinnern könnte.

BOTE
Kein Wunder, Herr, doch bring ich ihn schon drauf.
Ich weiß genau, er muss sich noch erinnern,
wie er in die Gegend des Kithairon kam;
er mit zwei Herden, ich mit einer nur.
Ich blieb in seiner Nähe drei Sommer lang,
vom Frühling bis zum Herbst.
Im Winter trieb ich meine Herde in den Stall
und er die seinen in des Laios' Ställe.
Habe ich recht? War's so, wie ich sage?

HIRTE
Lang ist es her, doch ist es wahr.

BOTE
Weißt du noch, wie du mir damals ein Kind gegeben hast,
das ich als mein eignes aufziehn sollte?

HIRTE
Was ist damit? Was soll die Geschichte?

BOTE
Hier steht, mein Guter, der Mann, der damals klein war.

Hirte

Verflucht bist du, wenn du nicht endlich schweigst.

Ödipus

Halt, Alter! Schlag nicht ihn!
Wenn einer Schläge hier verdient für seine Worte,
dann bist du es!

Hirte

Was tue ich denn Böses, bester Herr?

Ödipus

Du sprichst nicht von dem Kind, nach dem er sucht.

Hirte

Er redet und weiß nichts; er drischt leeres Stroh.

Ödipus

Wenn du nicht redest,
zwing ich dich dazu.

Hirte

Tu's nicht! Bei den Göttern, misshandle nicht mich alten Mann!

Ödipus

Doch, bindet ihm die Hände auf den Rücken!

Hirte

Wofür, Unglücklicher? Was willst du wissen?

Ödipus

Hast du ihm das Kind gegeben, nach dem der Mann hier sucht?

Hirte

Doch, ja. Wär ich bloß gestorben an dem Tag!

Ödipus

So weit wirst du's noch bringen, sprichst du nicht!

Hirte

Und spreche ich, so ist's noch mehr um mich geschehn!

Ödipus

Der Mann da zieht die Sache in die Länge!

HIRTE
Das tu ich nicht.
Ich hab's ja schon gesagt, ich hab's ihm übergeben.

ÖDIPUS
Wo nahmst du's her?
Gehört' es dir? Hattest du's von einem andern?

HIRTE
Mir gehört' es nicht. Es war von einem andern.

ÖDIPUS
Von wem? Einem hier aus der Stadt? Aus welchem Haus?

HIRTE
Ich flehe bei den Göttern, Herr, such nicht weiter!

ÖDIPUS
Du bist des Todes, wenn ich noch mal fragen muss!

HIRTE
Nun ja, das Kind war aus dem Haus des Laios.

ÖDIPUS
War es ein Sklave oder war's aus seiner eigenen Familie?

HIRTE
Weh mir! Jetzt muss ich das Grauenhafte sagen!

ÖDIPUS
Und ich es hören; doch ich muss es hören!

HIRTE
Es hieß, es sei sein eigner Sohn.
Die Frau da drinnen kann es dir am besten sagen.

ÖDIPUS
Hat *sie* dir das Kind gegeben?

HIRTE
Ja, Herr!

ÖDIPUS
Um was damit zu machen?

HIRTE
Umbringen sollte ich's.

Ödipus

Wie, die eigne Mutter?

Hirte

Ja, aus Angst vor dem Orakel.

Ödipus

Welchem?

Hirte

Die Eltern werd es töten.

Ödipus

Doch warum gabst du es dem Alten hier?

Hirte

Aus Mitleid, Herr.
Ich dachte,
er nähm es mit sich ins fremde Land, aus dem er kam.
Er hat's gerettet zu allergrößtem Unglück.
Denn bist du der,
den dieser Mann hier meint,
so wisse, du kamst als Unglücksmann zur Welt.

Ödipus

Ach, ach! So ist am Ende alles deutlich!
Licht, dich seh ich jetzt zum letzten Mal!
Ich bin der Sohn von dem,
von dem ich es nicht durfte,
ich leb mit der zusammen,
mit der ich es nicht durfte,
ich habe die getötet,
die ich nicht töten sollte!

Chor

O ihr Geschlechter der Menschen!
Von dem Leben, das ihr lebt,
bleibt, wenn ich die Summe ziehe,
so viel wie nichts!
Denn wer, welcher Mensch,

erlangt mehr an Glück
als gerade so viel,
dass es erscheint, ja, und danach versinkt.
Wenn ich dein Geschick als Beispiel nehme,
deines, ja deines, unglücklicher Ödipus,
so kann ich nichts im Leben der Menschen glücklich
preisen!

Du hast mit dem Bogen über alles Maß gezielt
und ins Schwarze getroffen.
Du hast das Mädchen mit den gekrümmten Klauen,
die Rätselsängerin,
vernichtet.
Gegen den Tod stand in meinem Land ein Turm auf.
Darum heißt du König, mein König,
und du wirst aufs Höchste geehrt,
herrschst im großen Theben.

Doch jetzt, von wem kann man größeres Elend hören?
Wer ist wilderer Not verbunden,
nachdem das Leben umgeschlagen ist?
O du ruhmvoller Ödipus!
Ein Hafen, ein einziger war weit genug,
den Sohn und Vater ins Hochzeitsbett zu stürzen.
Wie nur, wie nur konnten die Furchen,
in die dein Vater gesät,
dich Unseligen
so lange schweigend ertragen?

Sie hat dich gefunden, die Zeit, die alles sieht,
gegen deinen Willen.
Sie richtet längst die Heirat, die keine Heirat ist,
den Zeugenden und den Gezeugten.
Weh dir, Kind des Laios!

Hätt' ich dich, hätt' ich dich doch nie gesehen!
Denn beklagen muss ich dich besonders,
laut schreiend mit meinem Munde.
Doch will ich es sagen, wie es ist:
Durch dich bekam ich meinen Atem
und im Gedanken an dich fand ich meinen Schlaf.

6

BOTE AUS DEM PALAST

Ihr, die man in diesem Land stets hoch verehrt,
von welchen Taten müsst ihr hören,
welche mit eignen Augen sehen,
welch schweres Leid wird euch bedrücken,
wenn ihr für das Haus des Laios noch etwas
übrighabt?
Denn das ist sicher:
Kein Wasser dieser Welt
wäscht rein dies Haus und säubert es –
so zahlreich sind die Gräuel, die es birgt,
Verbrechen, die bald das Licht erblicken werden;
mit Vorsatz wurden sie begangen, nicht etwa aus
Versehen.
Am meisten schmerzt das Leid,
von dem sich zeigt,
dass man es selber schafft.

ÄLTESTER

Was wir bis jetzt erfuhren,
war Anlass zu bedrückend vielen Klagen.
Willst du das noch überbieten?

BOTE

In einem Satz,
denn Reden heißt hier schon Verstehen:
Iokaste, die Göttliche, ist tot.

ÄLTESTER

Unglückliche Frau! Was ist der Grund dafür?

BOTE

Sie selber ist der Grund.
Euch blieb das Schlimmste von dem, was dort
geschah, erspart:
der Anblick.
Doch ihr sollt hören,

wie ich's noch vor Augen habe,
was sie erlitten hat, zuletzt, die arme Frau.
Als sie wie wahnsinnig ins Haus geeilt war,
stürzt sie geradewegs zu ihrem Hochzeitsbett
und raufte sich die Haare.
Kaum war sie in ihrem Zimmer,
da riegelt sie von innen die Türe ab
und ruft nach Laios, dem Toten,
der lange schon unter den Toten ist.
Den Liebesbund beschwört sie
und was aus ihm hervorging:
der Sohn, der seinen Vater mordete,
die Mutter, ausgeliefert nun,
mit ihrem eigenen Geschöpf eine verruchte Brut
hervorzubringen.
Dem Bett flucht sie, in dem sie Doppelwesen zeugte:
mit ihrem Mann den andern Mann,
mit ihrem Kind die andern Kinder.

Wie sie danach zugrunde ging,
weiß ich nicht mehr zu sagen;
denn laut schreiend war Ödipus hereingestürzt,
er hielt uns davon ab,
das Leid der Frau bis an das Ende anzusehn,
ihm folgte unser Blick.
Wirr lief er auf und ab,
verlangte dann von uns ein Schwert
und seine Frau,
nein, nicht seine Frau, vielmehr die Mutter:
der Doppelacker,
dem er selbst und seine Kinder entsprossen waren.
Wir alle schweigen, die wir in seiner Nähe stehn.
Schrecklich ist sein Schrei und,
als hätte ihm ein Gott den Weg gezeigt,
springt er gegen die Doppeltür.

Doppelacker: *hier* Iokastes Mutterschoß

Da sehen wir die Frau,
erhängt,
noch hängend, verfangen in dem Seil.
Er nun, als er sie sieht,
der Unglücksmann,
schreit furchtbar auf
und lockert dann die Schlinge.
Den Leichnam legt er auf den Boden.
Was dann geschah, war entsetzlich anzuschaun.
Er reißt von ihrem Kleid die goldnen Spangen ab,
ihr Schmuck war das,
holt aus und stößt sie sich in beide Augen.
Und ruft: Sie sollen nichts mehr sehn,
nicht die Verbrechen, die ich erlitt,
nicht die, die ich beging.
Aus dem Dunkel sollen sie in Zukunft blicken,
auf jene, die ich niemals hätte sehen dürfen;
und sollen jene nicht erkennen, die zu kennen mich verlangt.
So schrie er,
hob dabei den Arm und schlug sich immer wieder auf die Augen;
bei jedem Schlag rann ihm das Blut in sein Gesicht.
Nicht Tropfen nur,
ein Hagelschauer schwarzen Bluts floss da herab.

Spangen: Nadeln, die als Verschluss für (Frauen-) Kleider dienen

Alle beide hat es nun getroffen,
nicht einen nur,
gemeinsam rafft Mann und Frau *ein* Verderben weg.
Das Glück, das vordem war,
war wirklich Glück,
doch jetzt, an diesem Tag,
Klage, Tod, Verderben, Schande –
von allen Plagen, für die es einen Namen gibt, fehlt keine.

Ältester
Und jetzt, was macht er, der Unglücksmann?
Hat sein Leiden ihn entlassen?

Bote
Er ruft, verlangt, man möge alle Türen öffnen,
dem Volk von Theben den Mörder seines Vaters zeigen,
ja und den – seiner Mutter,
nein, dies Lästerwort sprech ich nicht aus.
Verbannen will er sich,
in seinem Haus nicht länger
als ein Verfluchter bleiben, den er selbst verfluchte.
Doch fehlt ihm die Kraft und jemand, der ihn führt –
das Unheil ist zu mächtig,
er vermag es nicht zu tragen.
Auch dir wird er dies zeigen.
Sieh nur, das Tor dort öffnet sich,
gleich wirst du ein Schauspiel sehen,
das selbst dem ärgsten Feind das Herz zerreißt.

Chor
Furchtbares Leid, grausig der Anblick für Menschen!
Das furchtbarste von allen, die mir je begegnet sind!
Welch Wahnsinn hat dich angefallen?
Wer ist der Gott,
der in dein elendes Leben hineinsprang
mit einem Sprung, weiter als die weitesten Sprünge?
Weh! Weh! Unglücklicher!
Kaum habe ich die Kraft, dich anzusehen,
und möchte doch noch so viel fragen, so viel von dir erfahren,
so viel sehen;
so stark ist mein Entsetzen.

Ödipus
Ach, ach, ich Unseliger!
Wohin verschlägt es mich in meinem Elend?

Wohin reißt der Wind meine Stimme?
O Gott, wie weit bist du gesprungen?

CHOR

Ins Ungeheuerliche,
das kaum anzusehen, anzuhören ist.

ÖDIPUS

O diese Wolke aus Finsternis in mir!
Unabwendbar, immer näher kommend, unaussprechlich,
unbezwinglich und unlenkbar!
Weh mir! Weh mir! Welch Gewirr von spitzen Stacheln!
Welch Erinnerung zugleich an all mein Missgeschick!

CHOR

Verständlich bei so großem Schmerz,
dass du doppelt klagst,
doppeltes Leid ertragen musst.

ÖDIPUS

Freund, mein Freund,
du näherst dich, noch immer bist du da,
bleibst bei mir und stehst mir, dem Blinden, bei.
Wehe, wehe!
Du bist mir nicht entrückt,
deutlich erkenn ich deine Stimme trotz der Finsternis.

CHOR

Der du so Furchtbares getan!
Wie kamst du dazu,
dein Augenlicht auszulöschen?
Wer von den Göttern hat dich dazu angestachelt?

ÖDIPUS

Es war Apollon, Freunde, Apollon!
Verbrechen auf Verbrechen hat er mich tun lassen:
Das wurden meine Leiden.
Doch kein anderer als ich selbst, ich Armer,

hat den Stoß geführt in meine Augen.
Was sollte ich noch sehen,
da es für mich, als ich noch sah,
nichts Liebliches zu sehen gab?

Chor

Genau so ist es, wie du sagst.

Ödipus

Sagt, was gäbe es für mich denn noch zu sehen,
was zu lieben?
Welchen Gruß wohl könnte ich mit Freude hören?
Führt mich weg, bringt mich weg von hier, macht schnell!
Jagt ihn, der das Verderben brachte, weg,
den Allerverfluchtesten,
der den Göttern so verhasst ist wie nie ein anderer Mensch zuvor!

Chor

Geschlagen bist du durch dein Wissen und Geschick.
Wie wünschte ich, du hättest es nie gekannt.
Wie wünschte ich, ich hätte dich nie gekannt.

Ödipus

Verflucht der Mann,
der auf dem Weideland mich an den Füßen aus der grausamen Fessel riss.
Wenn er mich auch rettete
und vor dem Tod bewahrte:
Er tat mir damit nichts Gutes.
Denn wäre ich damals umgekommen,
so wäre ich den Lieben und auch mir nicht diese schwere Last!

Chor

Das wäre auch mein Wunsch gewesen!

Ödipus

Nie wäre ich als Mörder meines Vaters hergekommen
und nie würden mich die Menschen nennen

den Ehemann der Frau, die mich gebar.
Jetzt aber bin ich geächtet von den Göttern,
das Kind verruchter Eltern,
gezeugt im Bett, in dem ich selber zeugte!
Gibt es ein Unglück, das jedes andere übersteigt,
so hat es Ödipus getroffen.

CHOR

Ich weiß nicht, ob du gut beraten warst.
Du wärst besser tot als blind.

ÖDIPUS

Den Rat kannst du dir sparen.
Ich weiß ja selber nicht,
mit welchen Augen
ich meinen Vater und meine arme Mutter ansehn soll,
betrete ich dereinst das Totenreich.
An beiden habe ich so schwere Verbrechen begangen,
dass kein Strang sie sühnen kann.
Soll ich mich nach dem Blick der Kinder sehnen,
der mir so gleicht, wie sie mir gleichen?
O nein, für Augen wie die meinen sind sie nichts.
Und auch die Stadt, die Mauern und die heiligen Göttersitze –
ich darf sie nicht mehr schaun!
Um sie hab ich mich selbst gebracht, ich Ärmlichster,
der ich in Theben einst der Allergrößte war!
Ich selbst hab's allen ja befohlen,
den Verruchten auszustoßen,
ihn, dessen Unreinheit die Götter aufgezeigt,
ihn, aus dem Geschlecht des Laios!
Nun bin ich selbst der Schandfleck:
Wie könnte ich mit offnen Augen andern in die Augen sehn?
Nein, niemals! Und ließe sich der Quell des Hörens im Ohr verstopfen:
Nichts hielte mich davon ab,

Strang: *hier* Seil des Henkers

meinen Körper völlig abzuschließen –
blind wäre ich und taub.
Ist Lust nicht, wenn der Gedanke fern von allem Schlechten wohnt?
Warum Kithairon, felsiges Gebirg, hast du mich aufgenommen?
Warum hast du mich, als du mich bekamst,
nicht gleich getötet?
So hätte ich der Welt niemals verraten, wer mich gebar.
O Polybos und du Korinth und du, du Haus des Vaters,
das angeblich das meine war!
Was habt ihr mir angetan?
Ihr habt das Böse im Geheimen reif gemacht!
Als Übeltäter bin ich nun entlarvt,
ein Übeltäter, der von Übeltätern stammt!
Und ihr drei Wege, du verborgenes Tal,
du Wald, du enger Pass an den drei Straßen!
Ihr habt mein Blut getrunken, das von meinen Händen floss,
das Blut des Vaters!
Denkt ihr noch an das,
was ich euch vorher tat,
und dann an das, was ich tat,
als ich hierhergekommen war?
Bett, du Bett,
du hast mich hervorgebracht;
und als du mich hervorgebracht,
da hast du noch einmal
denselben Samen aufgehn lassen.
Du hast Väter vorgeführt,
die Brüder und Kinder sind,
ein und dasselbe Blut,
und Frauen, die gleichermaßen Liebende wie Mütter sind:
das Schrecklichste an Werken unter Menschen!

Genug, es ist nicht schön zu sagen,
was auch zu tun nicht schön ist.
Verbergt mich schleunigst, bei den Göttern,
irgendwo, weit weg von hier,
bringt mich um, werft mich ins Meer:
Niemand soll mich mehr sehn!
Los, los! Schreckt nicht davor zurück,
den Mann des Jammers anzufassen!
Glaubt mir, habt keine Angst,
denn das Übel, das in mir steckt:
Kein Mensch kann es ertragen außer mir.

ÄLTESTER

Für deinen Wunsch ist Kreon da:
Er handelt und entscheidet.
Denn er bleibt nun an deiner Stelle übrig.

ÖDIPUS

Was für ein Wort soll ich ihm sagen?
Was für ein Zeichen meiner Treue kann ich ihm noch geben?
Ich war es doch, der ihn unsäglich beleidigt hat.

KREON

Ich komme nicht, um über dich zu lachen, Ödipus,
auch nicht, um dir deine Schmähungen von früher anzukreiden.
Doch ihr, wenn ihr euch vor den Menschen nicht mehr schämt,
so fürchtet wenigstens den Strahl der Sonne, der alles nährt.
Und zeigt nicht solchen Gräuel unverhüllt,
den die Erde nicht erträgt,
das Wasser nicht, das heilige,
auch nicht das Licht.
Schnell, schafft ihn ins Haus!

Nur uns allein, den Verwandten,
kommt's zu, das Leid des Hauses
anzuhören und zu sehn.

ÖDIPUS

Du hast meine Furcht zerstreut.
Du, der Beste, bist zum Schlechtesten gekommen.
Hör mich an:
Ich rede nicht für mich, es geht um dich.

KREON

Was ist es denn, das du so sehnlich wünschst?

ÖDIPUS

Wirf mich aus diesem Land, so schnell es geht.
Bring mich an einen Ort,
wo ich mit keinem Menschen sprechen kann.

KREON

Ich hätte es getan,
da kannst du sicher sein,
nur möchte ich den Gott erst fragen, was ich tun soll.

ÖDIPUS

Ist denn der Sinn des Wortes, das der Gott uns gab, nicht völlig klar:
Der seinen Vater mordete, der Verfluchte, er soll zugrunde gehn.

KREON

So wurde das gesagt,
doch in dieser Lage ist's besser, nochmals nachzufragen.

ÖDIPUS

Für den geschlagnen Mann wollt ihr noch das Orakel fragen?

KREON

Ja, auch du wirst jetzt dem Gott wohl dein Vertrauen schenken.

ÖDIPUS

Ich habe eine Bitte noch:
Der Toten dort im Hause

gib ein Grab;
für deine Schwester wirst du schon das Rechte tun.
Ich aber will der Stadt des Vaters
lebendig nie mehr ein Mitbewohner sein!
Nein, lasst mich in den Bergen hausen,
im Kithairon, *meinem* Berg,
den meine Eltern einst
dem Lebenden als Grab bestimmten,
damit ich sterbe, so wie sie es wollten.
Doch so viel weiß ich:
Weder Krankheit noch etwas sonst
wird mich zerstören.
Vorm Tod blieb ich ja nur bewahrt,
damit ich Schwerstes leide.
Es gehe mein Geschick, wohin es will.
Die Kinder nun –
ach, um die Söhne, Kreon, musst du dich nicht sorgen;
es sind Männer,
sie finden, was sie brauchen, wo sie auch sind –,
doch um meine beiden armen, beklagenswerten
Mädchen:
Um die musst du dich kümmern.
Sie saßen stets mit mir am Tisch,
von dem, was ich mir nahm, bekamen beide ihren Teil.
Lass sie mich noch einmal mit den Händen fassen
und lass uns über unser Unglück weinen!
Hol sie, du bist der Herrscher!
Hol sie, ich weiß, du hast ein gutes Herz!
Berühr ich sie mit meinen Händen,
ist mir, als sähe ich sie noch!

Was sage ich?
Hör ich nicht, ihr Götter, meine beiden, die lieben,
weinen?
So hat denn Kreon sie zu mir geschickt,

aus Mitleid,
sie, das Liebste, was ich habe.
Ist es so?

KREON

Es ist so, ich ließ sie vorher holen.
Ich hab geahnt, was dir jetzt solche Freude macht.

ÖDIPUS

Glück sei mit dir! Und möge dich ein Gott dafür beschützen,
besser als er mich beschützt hat.
Wo seid ihr denn, ihr Kinder?
Kommt hierher,
lasst mit beiden Händen euch berühren.
Diese meine Hände –
sie haben die hellen Augen eures Vaters in tiefe Nacht getaucht.
Er war euch Vater, als er nicht sah und ahnungslos euch säte
mit einer Frau, in die er selbst gesät war.
Ich weine um euch beide,
wenn ich an eure bittre Zukunft denke,
daran, welch Leben ihr unter Menschen leben müsst.
Wo immer Leute in der Stadt zusammenkommen
oder wo ein Fest gefeiert wird:
Ihr kehrt nach Haus zurück in Tränen,
anstatt das Angeschaute zu genießen.
Und seid ihr einst der Heirat nah –
wer will das Wagnis auf sich nehmen,
wer kann die Schmähungen ertragen,
die eure Eltern und euch selbst vernichten?

Denn welche Schandtat fehlt denn noch:
Euer Vater erschlug den eignen Vater,
seine Mutter hat er besät, in die er selbst gesät war,

und euch hat er mit eben der gezeugt,
aus der er selbst hervorgegangen ist.
So werden sie euch schmähn.
Wer will euch da noch zur Frau?
Niemand, Kinder,
denn das steht fest:
Ihr werdet ohne Heirat, kinderlos vergehn.
Kreon, du allein bleibst ihnen Vater.
Denn wir, die sie gezeugt haben,
wir beide sind dahin.
Lass es nicht zu,
dass diese Mädchen ohne Mann,
Mädchen, die dir nahestehen,
zu Bettlerinnen werden!
Mach nicht ihr Los dem Los des Vaters gleich!
Hab mit ihnen Mitleid –
sieh, wie jung sie sind,
sie haben nichts,
nur das, was sie von dir bekommen.
Versprich's mir, gib mir deine Hand!
So manches, Kinder, gäb es noch zu sagen,
wenn ihr es fassen könntet.
Jetzt wünscht nur das Eine:
dass ich leben möge, wo es auch sei,
und dass ihr ein schöneres Leben habt als der Vater, der euch zeugte.

KREON

Genug! Nicht weiter mit den Tränen!
Geh zurück ins Haus!

ÖDIPUS

Ich muss gehorchen, ist es auch nicht angenehm.

KREON

Alles ist gut zur rechten Zeit.

Ödipus

Doch du weißt, was ich verlange?

Kreon

Sag's nur. Wenn ich's höre, werde ich es wissen.

Ödipus

Verjag mich aus dem Land!

Kreon

Was du verlangst, entscheidet nur der Gott.

Ödipus

Bin ich denn nicht der Gott-Verhasste?

Kreon

Darum schenkt er dir seine Gunst.

Ödipus

Sagst du es zu?

Kreon

Wenn ich's nicht meinte, würde ich's nicht sagen.

Ödipus

Führ mich also von hier weg!

Kreon

Geh und lass die Kinder!

Ödipus

Sie – nie! Nimm sie mir nicht!

Kreon

Versuch nicht, in allem deinen Willen durchzusetzen.
Denn hattest du auch Macht in deinem Leben,
so ist sie dir im Leben nicht gefolgt.

Chor

Ihr Bewohner Thebens, schaut, dies ist Ödipus,
der die berühmten Rätsel wusste
und auf der Welt sehr mächtig war.
Wer von den Bürgern hätte nicht mit Neid
auf dieses Glück geblickt –
von welcher Flut furchtbaren Unheils
wurd' er fortgerissen!

Sodass man einen Sterblichen,
der jenem letzten Tag entgegenblickt,
nicht glücklich preisen wird,
bevor er nicht ans Ziel des Lebens
gelangt ist, ohne tiefes Leid.

Sachinformationen

Polis

Im antiken Griechenland des 8. Jahrhunderts v. Chr. entwickelte sich das Gesellschaftskonzept der Polis (altgriech. *pólis*: Burg, Stadt, Staat), das eine spezifische Form politischer Selbstverwaltung und -regierung durch die Bürger darstellte. Für lange Zeit bildete die Polis die Grundlage des politischen Gemeinwesens in Griechenland und beeinflusste Identität und Selbstverständnis der Bevölkerung maßgeblich. So fühlte sich ein Mensch im antiken Griechenland seiner Polis zugehörig (»Ich bin Athener«, »Ich bin Spartaner«) und empfand sich in erster Linie als Bürger einer Polis, nicht als Bürger Griechenlands.
Unter einer Polis wurde in der Antike ein Stadtstaat verstanden, der aus einer Stadt als Zentrum und den an sie angrenzenden landwirtschaftlich genutzten Gebieten bestand und in dem eine überschaubare Gemeinschaft von 2000 bis 5000 freien Bürgern (den sog. Vollbürgern) und den von ihnen abhängigen Familienangehörigen (Frauen und Kinder) und Sklaven zusammenlebte. Meist entwickelte sich eine Polis aus dem Zusammenwachsen vieler kleiner Siedlungen, die um einen befestigten Burgberg herum entstanden waren. Unterhalb des Burgbergs, der Akropolis, auf dem später oft ein Tempel errichtet wurde, lag der Markt- und Versammlungsplatz, die Agora. Einzelne große Poleis wie Sparta und Athen weiteten ihr Gebiet auch aus und gründeten Kolonien im Mittelmeerraum oder im Schwarzmeergebiet, um Handelswege zu sichern

und Siedlungsmöglichkeiten für ihre wachsende Bevölkerung zu schaffen.
Jede Polis war einzigartig und organisierte sich nach eigenen Regeln und Gesetzen. Dennoch scheint es einige Entwicklungen zu geben, die die meisten Poleis durchlaufen haben. So wurden viele zunächst von einem Adelsrat (Areopag) regiert, dessen Mitglieder meist reiche Großgrundbesitzer waren. In der nicht adligen Bevölkerung keimte nach einiger Zeit Widerstand gegen die Vorherrschaft des Adels auf, es kam vielerorts zum Bürgerkrieg, in dem der Adel gestürzt und seine Macht gebrochen wurde. In manchen Poleis ergriffen dann Einzelherrscher (Tyrannen) die Macht und setzten sich als König an die Spitze der Polis. In anderen regierten die Vollbürger, obwohl diese nur einen kleinen Teil der Gesamtbevölkerung ausmachten. In der Polis Athen beispielsweise zählten ausschließlich erwachsene freie Männer dazu. Frauen, Sklaven und Zugewanderte (Metöken) aus anderen Poleis oder Ländern besaßen keine Bürgerrechte und konnten daher das politische und gesellschaftliche Leben nicht aktiv mitgestalten.
In vielen Poleis gab es drei zentrale politische Institutionen: die Volksversammlung, den Rat und die Magistraturen. An den politischen Entscheidungsprozessen waren alle Vollbürger beteiligt, jeder von ihnen hatte ein Mitbestimmungsrecht und besaß das gleiche aktive und passive Wahlrecht, durfte also wählen und konnte bei der Verlosung von Ämtern berücksichtigt werden. Dass über die Besetzung wichtiger Ämter das Los entschied, wurde als demokratischer verstanden als eine Wahl der Amtsträger.
Auch besaß fast jede Polis eine eigene Verfassung, die den männlichen, von Bürgern abstammenden und über gewisse Vermögenswerte verfügenden Teil der Bevölkerung als Vollbürger und damit politisch berechtigt anerkannte. Politische Entscheidungen wurden im Rat vorbereitet, in der Volksversammlung entschieden und von jährlich wechselnden gewählten oder gelosten Beamten ausgeführt. Jede Polis lebte zudem nach ihrem eigenen Kalender und spezifischen religiösen

Festen und Feiertagen, entwickelte eigene Zahlungsmittel und Wirtschaftsformen und unterhielt ein eigenes Heer und oftmals auch eine eigene Flotte. Eine Polis verstand sich zwar als unabhängig und eigenständig, ging aber mit anderen Poleis durchaus auch Bündnisse ein, um sich im Kriegsfall mithilfe von Verbündeten besser verteidigen oder gemeinsam eine größere Schlagkraft entwickeln zu können.

Literatur

Hansen, Mogens Herman / Nielsen, Thomas Heine (Hrsg.): An Inventory of Archaic and Classical Poleis. Oxford / New York: Oxford University Press 2004.

Schubert, Klaus / Klein, Martina: Das Politiklexikon. 7., aktual. u. erw. Aufl. Bonn: Dietz 2020. Lizenzausgabe Bonn: Bundeszentrale für politische Bildung, Stichwort »Polis«.

Welwei, Karl-Wilhelm / Rhodes, Peter J.: Polis. In: Cancik, Hubert / Schneider, Helmuth (Hrsg.): Der neue Pauly: Enzyklopädie der Antike. Band 10. Stuttgart: J. B. Metzler 2001, S. 22–26.

Orakel

Das antike Griechenland kannte eine Vielzahl an Orakelstätten. Mehr als 60 Orakel waren über das gesamte Land verteilt und auch östlich der Inselgruppe der Kykladen, an der sogenannten kleinasiatischen Küste (heute Türkei), angesiedelt. Das berühmteste und politisch-kulturell bedeutendste Orakel befand sich allerdings in Delphi in Mittelgriechenland. Das an diesem Ort ansässige Heiligtum wurde als der Mittelpunkt der Welt empfunden, da der Göttervater Zeus der Legende nach zwei Adler von beiden Enden der Welt losfliegen ließ, die sich hier trafen.

Als »Orakel« werden neben dem konkreten Ort auch die an ihm gegebenen Weissagungen in Form von Orakelsprüchen bezeichnet, d. h. Offenbarungen und teilweise auch rätselhaften Prophezeiungen, die die Zukunft und in ihr zu treffende Entscheidungen betrafen. Auf welche Weise das Orakel in Delphi seine Weissagungen vornahm, war streng geregelt und rief mitunter den Eindruck des Geschäftsmäßigen hervor: Zu bestimmten Zeiten konnten sich Ratsuchende – auch zerstrittene Parteien – am Tempel des Apollon einfinden. Dort verkündete eine Priesterin (Pythia), die als Vermittlerin des Gottes Apollon fungierte, nach Opfergaben und dem Bezahlen von Gebühren die Weissagungen der Gottheit. Auskunftsbitten an das Orakel ließen sich auch schriftlich stellen, wobei Rückfragen oder gar Diskussionen zu den einmal gegebenen Orakelsprüchen nicht erwünscht waren. Im Gegenteil: »Unlautere Fragen standen unter der Androhung von Schicksalsstrafen« (Maass 1993, S. 8). Die Orakelsprüche konnten entweder in Prosa oder in Versform gesprochen sein (vgl. Maass 1993, S. 9) und waren häufig deutungsoffen, d. h., sie ließen sich verschiedenartig interpretieren.

Neben privaten Angelegenheiten wurden Orakel auch zu staatspolitischen oder gesellschaftlichen Fragen konsultiert, sodass es – wie das Beispiel Delphi am deutlichsten zeigt – zu einer erheblichen Machtkonzentration kam. In dem für die Weissagungen zuständigen Heiligtum führte »das ständige Kommen und Gehen von Gesandtschaften […] bei der Priesterschaft schnell zu einer immensen Anhäufung von Wissen und Kenntnissen, was wiederum als ›Weisheit‹ der Pythia in die Orakel einfloss« (Höcker 1999, S. 49). Aus diesem Grund fiel dem Orakel eine für die antike Welt kaum zu überschätzende Rolle und auch eine moralische Autorität zu, vor allem »bei den Anordnungen zur Sühne, bei der Entscheidung und Erklärung von Lebens- und Schicksalsfragen« (Maass 1993, S. 1).

Bei den von Orakeln verkündeten Sprüchen handelte es sich um eine bekannte, jedoch keinesfalls die einzige Technik des Weissagens. Andere Möglichkeiten, zukünftige Ereignisse vorherzusagen oder Entscheidungshilfen im Sinne der Götter zu geben (Divination), bestanden in der Deutung des Vogelfluges oder der von Träumen, die ebenfalls als göttliche Mitteilungen aufgefasst wurden.

Literatur:

Höcker, Christoph: Griechische Antike. Köln: Dumont 1999.

Maass, Michael: Das antike Delphi: Orakel, Schätze und Monumente. Darmstadt: Wissenschaftliche Buchgesellschaft 1993.

»Orakel«. In: Der Neue Pauly. Hrsg. v. Hubert Cancik et al. http://dx.doi.org/10.1163/1574-9347_dnp_e900030 [25.10.2021].

Das griechische Theater der Antike

Im Griechenland der Antike sind die Anfänge des europäischen Theaters (griech. *theatron*: Schauplatz) begründet. Es waren Dichter wie Aischylos (ca. 525–455 v. Chr.), Sophokles (ca. 496–406 v. Chr.), Euripides (ca. 480–406 v. Chr.) und Aristophanes (ca. 450–385 v. Chr.), die die ersten großen Tragödien und Komödien verfassten und zur Aufführung brachten. Auch die theoretische Auseinandersetzung mit dem Drama und dem Theater nahm im antiken Griechenland ihren Anfang. Hier war es vor allem Aristoteles, der in seiner *Poetik* die dramatischen Gattungen, ihre Kennzeichen und ihre Wirkung detailliert beschrieb. Über einen Zeitraum von mehr als tausend Jahren, von ca. 550 v. Chr. bis 500 n. Chr., entstanden unzählige Theaterstücke. Ihre Form beeinflusste die weitere Entwicklung des europäischen Dramas und Theaters maßgeblich, weil sie Dramatikerinnen und Dramatikern zu allen Zeiten als Referenz und Vorbild dienten, die die Stücke entweder nachahmen oder aber bewusst weiterentwickeln oder deren Form überwinden wollten.

Theateraufführungen waren im antiken Griechenland Festtage und Massenveranstaltungen. Sie wurden nicht nur in Athen, sondern auch in den ländlichen Gebieten aufgeführt. Athen war jedoch der bei Weitem bedeutendste Spielort. Die Aufführungen fanden im Dionysos-Theater am Südhang der Akropolis statt, einem Freilufttheater mit einer ansteigenden steinernen Tribüne, die Sitzplätze für mehr als 15 000 Zuschauer bot. Die flache Holzbühne war aufgrund der Architektur auch aus einiger Entfernung gut einsehbar. Im Hintergrund befand sich ein hölzernes Bühnenhaus mit einer Tür in der Mitte, durch die die Schauspieler auf- und abgehen konnten, und einem Flachdach, auf dem ebenfalls gespielt werden

Das Dionysos-Theater am Südhang der Akropolis

konnte. Dieses Haus begrenzte die Bühne und markierte den Handlungsort des jeweiligen Stückes, es konnte sowohl als Palast als auch als Höhle oder Tempel dienen. Weitere Kulissen wurden selten aufgebaut, auch Requisiten vermutlich nur spärlich eingesetzt, während durch Bühnenarbeiter intensiv für Feuer, Rauch und Geräusche gesorgt werden konnte, was die Anschaulichkeit der Darstellung erhöhte und die Imagination des Publikums unterstützte.

Jedes Jahr fanden im Dionysos-Theater die mehrtägigen Dionysien statt, große Festveranstaltungen zu Ehren des Gottes Dionysos, dem Gott des Weines und der Fruchtbarkeit. In diesem Rahmen wurden chorlyrische und dramatische Wettbewerbe durchgeführt, in denen ausgewählte Männer- und Knabenchöre sowie Tragödien- und Komödiendichter mit ihren Werken gegeneinander antraten. Die Tragödien wurden vom dritten bis fünften Tag der Dionysien gezeigt, an jedem dieser drei Tage stellte sich jeweils ein Dichter mit drei neuen, bisher unveröffentlichten tragischen Stücken und einem daran anschließenden Satyrspiel (heiteres, kurzes Nachspiel) dem Wettbewerb, dem Agon. Jeder von ihnen zeigte eine eigens für diesen Anlass verfasste Trilogie bzw. Tetralogie, deren Aufführung einen ganzen Tag umfassen konnte. Die Stücke mussten inhaltlich nicht aufeinander aufbauen, es gab jedoch Dichter, die darauf Wert legten, so z. B. Aischylos, der die drei Tragödien seiner *Orestie* in einen inhaltlichen Handlungszusammenhang stellte. Am letzten Wettbewerbstag bestimmte eine fünfköpfige Jury über die Rangfolge der gezeigten Tragödien und kürte feierlich den Sieger.

Der Gewinn dieses Wettbewerbs verhalf einem Dichter zu hohem Ansehen und machte ihn einer breiten Öffentlichkeit bekannt. Zwar wurden die Tragödien in Athen oft nur einmal im Rahmen des Wettbewerbs gezeigt (eine seltene Ausnahme war Aischylos, dem die Athener Bürger nach seinem Tod die Ehre und das Privileg der Wiederaufführung seiner Stücke zugestanden), aber sie wurden in Schriftform weiterverbreitet und rezipiert. Allerdings sind von den etwa 1200 Stücken, die im 5. Jahrhundert v. Chr. an den Großen Dionysien gespielt wurden, aufgrund einer schon früh einsetzenden selektiven Überlieferungspraxis nur sehr wenige bis heute erhalten geblieben.

Literatur:

Fischer-Lichte, Erika: Geschichte des Dramas 1: Von der Antike bis zur Klassik. 3. Aufl. Tübingen/Basel: Francke 2010, S. 13–19.

Hose, Martin: Kleine griechische Literaturgeschichte. Von Homer bis zum Ende der Antike. München: Beck 1999, S. 91–110.

Paulsen, Thomas: Geschichte der griechischen Literatur. Stuttgart: Reclam 2004, S. 99–103.

Tragödie

Obwohl nur wenige der antiken Tragödien, Komödien und Satyrspiele (heiteres, kurzes Nachspiel, das einer Tragödie folgte) überliefert und nicht alle Einzelheiten der damaligen Theateraufführungen zu rekonstruieren sind, lassen sich einige Merkmale feststellen, die die griechische Tragödie kennzeichnen. Das Wort »Tragödie« entstand aus dem griech. *tragōdós*: Sänger und Tänzer im tragischen Chor, tragischer Schauspieler, das wiederum zurückgeht auf griech. *trắgos*: (Ziegen-)Bock und *odia*: Gesang. Der Ziegenbock galt als Siegertrophäe des dramatischen Wettbewerbs, der mit religiösen Zeremonien und Handlungen verbunden war. Womöglich wurden auch Tieropfer dargebracht bzw. die Sänger traten in Tierkostümen auf.
Die antike Tragödie war in metrisch gebundener und stilistisch hoher Sprache verfasst, ihr Duktus hob sich deutlich vom alltäglichen Sprachgebrauch ab. Frühe Tragödien bestanden vornehmlich aus Chorpassagen, in denen eine Handlung reflektiert und kommentiert wurde, und einigen wenigen eingefügten Szenen, in denen einzelne Figuren dialogisch mit dem Chor interagierten, was die Handlung vorantrieb. Durch Chorlieder, die entweder beim Einzug des Chors auf die Bühne, bei seinem Auszug oder als die Handlung anhaltendes Standlied des auf der Bühne positionierten Chors gesungen wurden, war

die Tragödie klar gegliedert, sie wies meist den folgenden Aufbau auf:

I. Prolog mit Parodos, Einzugslied des Chors
II. Erstes Epeisodion, der Dialog mit den Figuren mit erstem Standlied des Chors
III. Zweites Epeisodion mit zweitem Standlied des Chors
IV. Drittes Epeisodion mit drittem Standlied des Chors
V. Handlungsende mit Exodos, dem Abzugslied des Chors

Die Chorpassagen wurden in der Aufführung von einem Chor von maximal 15 Männern gesungen, der von Instrumentalmusik begleitet wurde. Alle Einzelrollen, auch die weiblichen, wurden in der frühen Phase des antiken Theaters von einem männlichen Schauspieler übernommen. In der weiteren Folge wurden zunächst zwei, dann – durch Sophokles – drei Schauspieler eingeführt, sodass nun auch Figuren untereinander in den Dialog treten konnten, was die Rolle und Bedeutung des Chors veränderte und die schnelle Wechselrede, die Stichomythie, in der jede der beiden beteiligten Figuren in regelmäßigem, schnellem Wechsel je einen Vers oder Halbvers spricht, als weiteres Kennzeichen dramatischer Dichtkunst entstehen ließ.
Die Schauspieler mussten mehrere Rollen übernehmen, dabei auch die Kostüme und Masken wechseln. Mit dem Aufsetzen der Maske nahm der Schauspieler für das Publikum erkennbar die Identität der jeweiligen Figur an. Die Masken wurden meist aus Leinwand gefertigt, die mit Gips oder Kleister versteift wurde, manchmal aber auch aus Kork oder Holz. Eine Perücke, fast immer aus Wolle, vervollständigte die Maske und war an dieser befestigt. Die Masken wurden individuell für die Schauspieler hergestellt und waren genau an deren Gesichtskonturen sowie an Kopfform und -größe angepasst.
Fast alle erhaltenen Tragödien greifen auf die griechischen Mythen zurück, die Erzählungen von der Entstehung der Welt und von Göttern und menschlichen Helden beinhalten. Sie wurden über Jahrhunderte mündlich überliefert und waren beinahe jedem Mitglied der griechischen Gesellschaft

Abbildungen von Theatermasken in Marmor und Stein

geläufig. Die antiken Dichter bezogen sich in ihren Tragödien auf die bekannten Helden- und Göttergeschichten und variierten diese. Was ihre Stücke dennoch einzigartig macht, ist der spezifische Fokus auf bestimmte Figuren und Handlungsschritte, der es ihnen erlaubt, eine eigene ›fiktive Wahrheit‹ zu erschaffen und über die Heroen der Vorzeit ihre eigene politische und gesellschaftliche Gegenwart zu thematisieren.

Literatur:

Fischer-Lichte, Erika: Geschichte des Dramas 1: Von der Antike bis zur Klassik. 3. Aufl. Tübingen/Basel: Francke 2010, S. 13–60.

Hose, Martin: Kleine griechische Literaturgeschichte. Von Homer bis zum Ende der Antike. München: Beck 1999, S. 85–98.

http://tls.theaterwissenschaft.ch/atm/themen/masken/19trag_masken/trag_masken.php [18.09.2021].

Paulsen, Thomas: Geschichte der griechischen Literatur. Stuttgart: Reclam 2004, S. 99–103.

Chor

Im griechischen Theater war der Chor eines der zentralen Elemente. Deutlich wird dies etwa in den Dramen aus dem 5. Jahrhundert v. Chr. und somit aus der Zeit, in der auch *König Ödipus* uraufgeführt wurde: Alle 43 komplett überlieferten Theatertexte enthielten Passagen für Chöre, viele waren sogar nach ihnen benannt, etwa *Die Bakchen* von Euripides.
Ursprünglich kam dem Chor wohl eine kultische Funktion zu. Das griechische Wort *chorós* bezeichnete einen Tanzplatz ebenso wie den dort aufgeführten Reigentanz und die Gruppe der Tänzer (vgl. DWDS 2021). Mit der Zeit löste sich der Chor allerdings von seinen kultischen Wurzeln. Er trat durch die Aufnahme erst eines, dann eines zweiten und eines dritten Schauspielers zunehmend in den Hintergrund und wurde im Theater zu einer Art Mitspieler der Hauptfiguren.
Chöre setzten sich im griechischen Theater nie aus gemischten Gruppen von Sängerinnen und Sängern zusammen, d. h., es handelte sich entweder um Männer- oder um Frauenchöre, und auch bezüglich der Alterszusammensetzung waren sie homogen (z. B. Greisenchor). Da sie sich aus normalen Bürgern rekrutierten, bestand ein Kontrast zu den Schauspielern, die sich zur Blütezeit des griechischen Theaters im 5. Jahrhundert v. Chr. bereits zu professionalisieren und spezialisieren begannen. Ein Chor, der bei den Tragödien zunächst aus 12, später aus 15 Personen bestand, trug wie die Schauspieler Masken, vermutlich auch ein einheitliches Kostüm (vgl. Baur 1999, S. 16). Positioniert war er in der Orchestra, wo er die gesamte Aufführungszeit über auch verweilte, sodass ihm eine »Funktion permanenter Zeugenschaft« (Menke 2017, S. 15) zukam, er für die Protagonisten also eine Form von Öffentlichkeit darstellte. Durch die beständige Anwesenheit einer Gruppe wurden private Gespräche bzw. Handlungen auf der Bühne unmöglich (vgl. Baur 1999, S. 23 f.). In dieser Beobachterrolle nahm der Chor folglich eine Stellung zwischen dem Publikum und den Schauspielern ein.

Darüber hinaus konnten einem Chor, mit Blick auf das Bühnengeschehen, eine Reihe von Funktionen zukommen, sowohl strukturelle als auch inhaltliche: Durch die Redeanteile des Chores wurde das Stück strukturiert, der Chor nahm Anteil an den Handlungen der Hauptfiguren und kommentierte diese, manchmal übte er Kritik und stellte Fragen (auch stellvertretend für die Zuschauenden), er konnte aber angesichts des Fortgangs eines dramatischen Geschehens auch überrascht oder verwirrt reagieren. Der »Älteste«, der Chorführer, trat mitunter aus dem Chor heraus und in einen Dialog mit dem Protagonisten. Bei all dem waren die Wertvorstellungen, die das Grundgerüst aller Tragödienchöre bildeten, gleich: Die Chöre »glauben an die althergebrachte Religion, haben das Wohl der Polis im Auge und vertreten allgemein anerkannte Werte der Gesellschaft wie Götterglauben, Bescheidenheit, Maßhalten« (Baur 1999, S. 21).

Literatur:

Baur, Detlev: Der Chor im Theater des 20. Jahrhunderts. Typologie des theatralen Mittels Chor. Tübingen: Niemeyer 1999.

DWDS – Digitales Wörterbuch der deutschen Sprache. Das Wortauskunftssystem zur deutschen Sprache in Geschichte und Gegenwart (2021). Hrsg. v. Berlin-Brandenburgischer Akademie der Wissenschaften; https://www.dwds.de/ [18.09.2021].

Menke, Bettine: ›Grund‹ und ›parerga‹. Der Chor. In: *Forum Modernes Theater*, Heft 1/2013, Bd. 28: *kollektiv auftreten*. Hrsg. v. Evelyn Annuß. Tübingen: Narr 2017, S. 11–24.

Analytisches Drama

In analytischen Dramen stehen Ereignisse im Zentrum, welche vor Beginn der eigentlichen Bühnenhandlung stattgefunden haben – und die nun enträtselt oder zumindest neu betrachtet und gedeutet werden. Das momentane Verhalten der Figuren ist maßgeblich durch Konflikte oder Erfahrungen geprägt, die in ihrer Vergangenheit angesiedelt sind. Die Dramenhandlung besteht daher vor allem aus der Rekonstruktion von Ereignissen, die Ursache für den gegenwärtigen

Zustand der Figuren und ihrer Umwelt waren. Sie werden in der Bühnenhandlung – im Sinne eine Analyse (griech. *análysis*: Auflösung, Zergliederung, Untersuchung) – entschlüsselt und in ihrer Bedeutung sowohl für die Figuren als auch für das Publikum offengelegt. Gerade bei antiken Dramen, die dem Publikum bekannte Mythen variierten, wusste das Publikum über weite Strecken mehr als die Figuren, sodass nicht der Ausgang des Dramas, sondern die Art und Weise des Erkenntnisprozesses spannend war.
Blickt man auf die Konstruktion dieser Dramenform, so ist die Dynamik des Geschehens auf der Bühne folglich nicht durch ein »situationsverändernde[s] Handeln der Figuren« (Marx 2009, S. 9) bestimmt, sondern durch ihr meistens schrittweises Erkennen der eigenen (Lebens-)Geschichte. Auf diesen Prozess eines sich allmählich vollziehenden Verstehens zielt auch Schiller ab, wenn er am 2. Oktober 1797 an Goethe zu Sophokles Drama schrieb: »Der Oedipus ist gleichsam nur eine tragische Analysis. Alles ist schon da, und es wird nur herausgewickelt« (Schiller 1990, S. 430).

Literatur:

Boenisch, Peter M.: Grundelement (2): Formprinzipien der dramaturgischen Komposition. In: Marx, Peter W.: Handbuch Drama. Theorie, Analyse, Geschichte. Stuttgart/Weimar: Metzler 2012, S. 122–144.

Marx, Peter W.: Analytisches Drama. In: Handbuch der literarischen Gattungen. Hrsg. v. Dieter Lamping. Stuttgart: Kröner 2009, S. 9–11.

Schiller an Goethe, Brief vom 02.10.1797. In: Briefwechsel zwischen Schiller und Goethe in den Jahren 1794–1805. Hrsg. v. Manfred Beetz (Johann Wolfgang Goethe. Sämtliche Werke nach Epochen seines Schaffens, Münchner Ausgabe Bd. 8.1). München: Hanser 1990, S. 430.

Materialien

Homer: Odyssee (8./7. Jh. v. Chr.) [Auszug]

Neben der »Illias« ist die »Odyssee«, die ebenfalls dem Dichter Homer zugeschrieben wird, einer der berühmtesten und einflussreichsten Texte der europäischen Literatur. Sie ist in 24 Gesänge eingeteilt und erzählt von den Abenteuern und Irrfahrten des Königs Odysseus. Im 11. Gesang findet sich die vermutlich älteste Erwähnung des Mythos um Ödipus.

Und die Mutter des Ödipus sah ich, die schöne Epikaste, die in dem Unverstande ihres Sinnes ein ungeheuerliches Werk getan, da sie sich dem eigenen Sohn vermählte. Der hatte seinen Vater getötet und sie zur Frau genommen. Und alsbald machten es die Götter den Menschen ruchbar. Doch jener herrschte, Schmerzen leidend, nach der Götter verderblichen Ratschlüssen in der gar lieblichen Thebe weiter über die Kadmeer. Sie aber ging in das Haus des Hades, des übergewaltigen Pförtners, nachdem sie sich steil von dem hohen Dach herab eine Schlinge gebunden, von ihrem Kummer überwältigt. Ihm aber ließ sie gar viele Schmerzen zurück, so viele nur der Mutter Rachegeister vollenden mögen.

Odyssee 11, 271 ff., Übersetzung Wolfgang Schadewald, hier zitiert nach: Sophokles: König Ödipus. Übersetzung und Nachwort von Kurt Steinmann. Stuttgart: Reclam 2002, S. 77.

Stammbaum der Götter und ihrer menschlichen Verwandten

GAIA
Urprinzip, die Erdmutter; aus ihr gehen Himmel (Uranos), Gebirge und Meer (Pontos) hervor. Sie heiratet Uranos. und zeugt mit ihm die Titanen, die Kyklopen und Hekatoncheiren.

RHEA
Schwester und Gemahlin des Kronos, der seine Kinder verschlingt; Mutter von Zeus, den sie retten kann.

KRONOS
jüngster Sohn von Gaia und Uranos; mit der Sichel, die ihm seine Mutter gibt, entmannt der Titan seinen Vater und bemächtigt sich der Weltherrschaft. Um einem ähnlichen Schicksal zu entgehen, verschlingt er seine Kinder – nur Zeus entgeht ihm. In einer Grotte herangewachsen, kehrt Zeus zurück, besiegt den Vater und verbannt ihn an den Rand der Welt.

ZEUS
Herrscher des Olymp, sendet von dort Blitz und Donner, Wetter und Wind; mächtigster Gott. Im Sieg über Kronos und die Titanen an die Macht gekommen, teilt er die Welt mit seinen Brüdern. Zeugt in zahllosen Liebschaften Götter wie Dionysos und Artemis und Halbgötter wie Herakles und Helena.

HERA
Gattin des Zeus; sie wacht eifersüchtig über die Treue ihres Gemahls, dessen viele Seitensprünge wilde Zornesausbrüche hervorrufen.

POSEIDON
beherrscht mit seiner Gattin Amphitrite das Meer, kann Seestürme und Erdbeben auslösen; Vater vieler Riesen, mehrerer Sagenpferde wie Pegasos und der Tritonen.

HADES
herrscht mit seiner Gattin Persephone über die Unterwelt. Nur Herakles gelingt es, ihn im Kampf zu verwunden.

HEPHAISTOS
Gott des Feuers, der Schmiede und der Handwerker. Da er lahm zur Welt kam, warf ihn seine Mutter vom Olymp ins Meer. Er fertigt mit den Kyklopen Kostbarkeiten wie Zeus' Zepter, Eros' Pfeile und den Wagen des Sonnengottes Helios, später auch Achills Rüstung.

APHRODITE
Göttin der Liebe, betrügt ihren hässlichen Ehemann Hephaistos mit dessen Bruder Ares, hat aber auch andere Liebschaften; gewinnt den Schönheitswettbewerb gegen Hera und Athene.

ARES
Gott des Angriffskrieges, Vater zahlreicher Heroen und Amazonen; selten kultisch verehrt

ZEUS – **SEMELE**

HARMONIA – **KADMOS**

ATHENE
aus dem Haupt des Zeus geboren, Kriegs- und Friedensgöttin; schützt die Poleis nach außen, besonders Athen, und sorgt für den inneren Frieden; lehrt die Menschen Zucht und Bändigung der Rosse, den Wagen- und Schiffsbau; ist Erfinderin der Flöte.

DIONYSOS
auch Bakchos; Gott des Weines und der Ekstase; hat den Weinstock erschaffen, lässt Wein, Milch und Honig aus dem Boden sprudeln, befreit die Menschen von ihren Sorgen; erscheint in Tiergestalt, meist als Bock oder Stier.

Hunger, Herbert: Lexikon der griechischen und römischen Mythologie. Verlag Brüder Hollinek, Wien 1988.

Uranos
Gemahl der Gaia, Ahnherr aller Götter, wird von seinem Sohn Kronos entmannt und entmachtet

Themis ⚭ **Zeus**

Die Horen
Göttinnen der Jahreszeiten; Eunomia (Gesetzlichkeit), Dike (Recht), Eirene (Friede)

Die Moiren
Die drei Schicksalsgöttinnen: Klotho spinnt den Lebensfaden, Lachesis teilt die Länge zu, Atropos schneidet ihn ab.

Phoibe
Mondgöttin und Titanin

Koios
Titan; Bruder und Gatte Phoibes

Leto ⚭ **Zeus**

Apollon
auf Delos geboren, tötet wenige Tage nach seiner Geburt den Drachen von Delphi und übernimmt das Orakel; Gott des Lichts, der Künste und Anführer der Musen. Seine Waffe, der Bogen, und seine Leier sind saitenbespannt – Lied wie Pfeile sind treffend.

Artemis
Zwillingsschwester Apollons, jungfräuliche Göttin der Jagd mit dem Bogen, Herrin der Tiere und der Natur, schützt die Jugend und die Jungfräulichkeit; auch Mondgöttin

Koronis

Asklepios
Nachdem seine Mutter vom Gatten Apollon ihrer Treulosigkeit wegen getötet worden ist, wird er beim Kentauren Cheiron zum Wunderarzt ausgebildet. Als er Tote wiedererweckt, erschlägt ihn Zeus mit einem Blitzstrahl.

Nykteis

Polydoros
König von Theben

Labdakos

Laios
König von Theben; erfährt vom Orakel in Delphi, auf seinem Sohn laste ein Fluch. Daraufhin lässt er das Kind mit durchstochenen Füßen in der Wildnis aussetzen. Es wird gerettet, nach Korinth gebracht und wegen seiner geschwollenen Füße Ödipus („Schwellfuß“) genannt.

Iokaste

Ödipus
vom Vater ausgesetzt, wächst er in Korinth auf. Dann erfüllt sich das furchtbare Orakel: Er tötet ahnungslos einen Fremden im Streit – seinen Vater. Als er die Sphinx im Rätselkampf besiegt, wird er König von Theben und heiratet die Witwe des Laios – seine Mutter. Als er die Wahrheit erfährt, sticht er sich die Augen aus.

Ismene

Antigone
Sie begleiter ihren blinden Vater Ödipus in die Fremde und versorgt ihn bis zu seinem Tode. Sie bestattet ihren Bruder Polyneikes trotz Androhung der Todesstrafe – wofür ihr nun regierender Onkel Kreon befiehlt, sie in ein Felsengrab einzuschließen, dort erhängt sie sich.

Polyneikes
vom Bruder aus Theben vertrieben, zieht er mit den *Sieben gegen Theben*, um die Herrschaft zu erlangen, und kommt dabei im Zweikampf mit seinem Bruder ums Leben.

Eteokles
Das Familienunheil wirkt fort: Die Brüder töten sich gegenseitig im Kampf um den Thron.

Das antike Griechenland

Das Siedlungsgebiet der Griechen umfasste im 5. Jh. das griechische Festland, die Inseln der Ägäis sowie die Westküste Kleinasiens, die heute Teil der Türkei ist. Darüber hinaus fanden sich griechische Städte vor allem in den Küstenbereichen des westlichen Mittelmeeres und des Schwarzen Meeres.

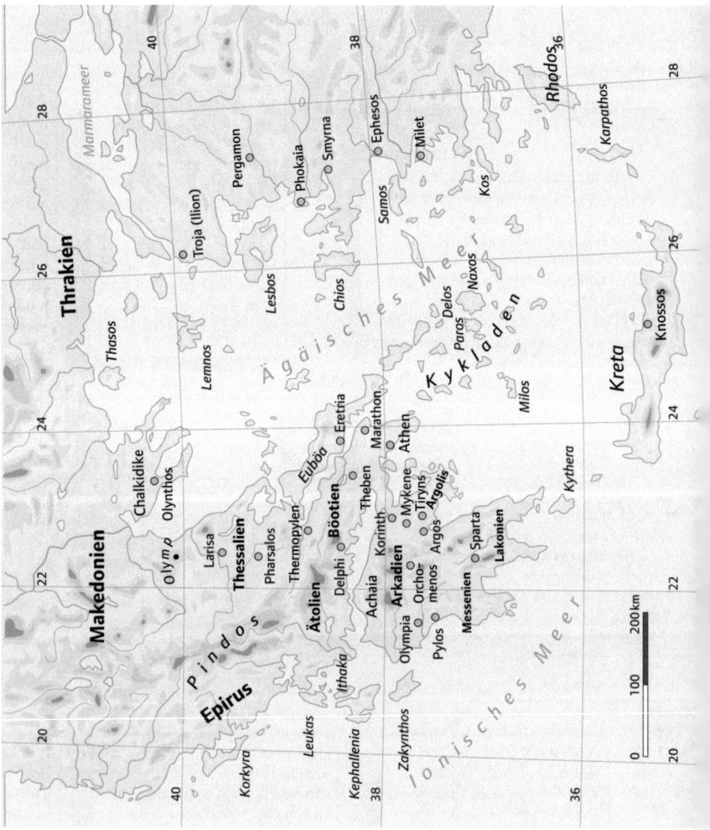

Aristoteles: Poetik, Kapitel 13 (335 v. Chr.) [Auszug]

Die »Poetik« des Aristoteles, die fragmentarisch überliefert ist, diente vermutlich als Grundlage von Vorlesungen. Sie widmet sich dem Phänomen der Dichtkunst, grenzt u. a. unterschiedliche Gattungen voneinander ab und kommentiert insbesondere die Merkmale der Tragödie.

Kapitel 13

Weil also die Komposition der Tragödie, die künstlerisch die höchste Qualität hat, nicht einsträngig, sondern mehrsträngig und verflochten sein soll, und weil durch sie eine Handlung, die Mitleid und Furcht erregt, dargestellt sein soll (das ist ja das unterscheidende Merkmal dieser Art von Nachahmung), so ist vor allem klar, dass man weder zeigen darf,

(1) wie völlig integre Menschen vom Glück ins Unglück geraten, denn das ist nicht furchtbar und auch nicht bemitleidenswert, sondern eine Zumutung für jedes menschliche Empfinden; noch,

(2) wie verbrecherische Menschen aus einem unglücklichen in einen glücklichen Zustand kommen, das ist nämlich der untragischste Verlauf von allen, denn er hat nichts von dem, was zu einer tragischen Handlung gehört: Er kann überhaupt nicht als human empfunden werden und erweckt weder Mitleid noch Furcht. Man darf aber auch nicht zeigen,

(3) wie der ganz und gar Verkommene vom Glück ins Unglück stürzt. Eine so angelegte Handlung mag man zwar als human empfinden, sie erregt aber weder Mitleid noch Furcht. Denn das eine empfinden wir nur mit dem, der es nicht verdient hat, im Unglück zu sein, das andere nur um den, der uns ähnlich ist. Mitleid hat man mit dem, der unverdient (leidet), und Furcht empfindet man um den, der (einem selber) ähnlich ist. Also erregt dieses Geschehen weder unser Mitleid noch unsere Furcht.

So bleibt also ein Charakter, der zwischen diesen (beiden) liegt, übrig. Von dieser Art ist derjenige, der weder durch charakterliche Vollkommenheit und Gerechtigkeit herausragt, noch durch Schlechtigkeit und Bösartigkeit ins Unglück gerät, sondern wegen eines bestimmten Fehlers zu Fall kommt und (außerdem) zu denen gehört, die in hohem Ansehen stehen und im Glück leben wie Ödipus und Thyest und andere berühmte Personen aus solchen Familien.

Notwendigerweise muss also ein kunstgemäß konstruierter Mythos eher einfach als doppelt sein, wie manche verlangen, und darf nicht vom Unglück ins Glück umschlagen, sondern im Gegenteil vom Glück ins Unglück, aber nicht durch ein vorsätzliches Verbrechen, sondern wegen eines schweren Fehlers, der entweder von jemandem begangen wurde, wie er (eben) beschrieben worden ist, oder (sonst) eher von einem Besseren als von einem Schlechteren.

Einen Beleg dafür bietet auch die Entwicklung der Tragödie. Zuerst nämlich versuchten sich die Dichter der Reihe nach an beliebigen Mythen, heute macht man aus der Geschichte weniger Häuser die besten Tragödien, etwa aus der Geschichte von Alkmeon, Ödipus, Orest, Meleager, Thyest, Telephos und den Geschichten einiger anderer, die etwas erlitten oder getan haben, was schwere Konsequenzen haben sollte.

Der in künstlerischer Hinsicht vollkommensten Tragödie also liegt dieses Gestaltungsprinzip zugrunde.

Deshalb ist es auch verfehlt, Euripides dafür zu kritisieren, dass er in seinen Tragödien seine Charaktere nach diesem Prinzip handeln lässt, und fast alle seine Stücke unglücklich enden. Denn das ist, wie gesagt, kunstgerecht. Der beste Beleg dafür ist: Auf der Bühne und beim Wettbewerb (um die Gunst des Publikums) machen derartige Tragödien, wenn sie gut gespielt werden, den tragischsten Eindruck, und Euripides ist offenbar doch, auch wenn die

künstlerische Ökonomie bei ihm in anderer Hinsicht Mängel hat, der tragischste Dichter.
Die zweitbeste Struktur (einer Tragödie), die manche für die beste halten, ist die, die wie die *Odyssee* einen Doppelschluss hat und für die Guten und für die Bösen zu einem entgegengesetzten Ende führt. Dass dieser Verlauf als der beste gilt, liegt an der Schwäche des Publikums. Dieser Schwäche beugen sich nämlich die Dichter und schreiben den Zuschauern zu Gefallen.
Das ist aber nicht die Lust, die aus der Tragödie kommt, sondern gehört eher zur Komödie. Denn dort verlassen die, die während der ganzen Handlung die größten Feinde sind, wie z. B. Orest und Aigisthos, am Ende als Freunde die Bühne, und es stirbt keiner durch keinen.

Aristoteles: Poetik. Übersetzt und erläutert von Arbogast Schmitt. (Aristoteles. Werke in deutscher Übersetzung, Bd. 5) Berlin: Akademie Verlag 2008, S. 17–18.

Erika Fischer-Lichte: Conditio humana (2010)
[Auszug]

Die Theaterwissenschaftlerin Erika Fischer-Lichte stellt Zeitbezüge und Anspielungen auf die Entstehungszeit von Sophokles »König Ödipus« heraus, indem sie sich insbesondere auf das Wirken von Perikles, dem führenden Staatsmann Athens im 5. Jahrhundert v. Chr., bezieht.

[*König Ödipus*] wurde höchstwahrscheinlich 428 v. Chr. aufgeführt, also ein Jahr, nachdem in Athen die Pest grausam gewütet hatte.
Durch die Pest hatte Athen ihren ›besten Mann‹ Perikles in einer besonders kritischen Situation verloren, nämlich im zweiten Jahr des Peloponnesischen Krieges, der mit dem Zusammenbruch Athens erst 404 enden sollte. Gegen Perikles hatten fromme Bürger schon längst den Verdacht gehegt, dass er seine Frömmigkeit nur äußerlich zur Schau stellte, in Wahrheit jedoch weder an Orakel noch an Sehersprüche glaubte. War doch einigen seiner engsten Freunde wegen Gottlosigkeit der Prozess gemacht worden, darunter dem Bildhauer Phidias und dem Philosophen Anaxagoras, der lehrte, dass nicht die Götter die Welt lenkten, sondern die Vernunft [...]. Als nun Perikles den »schweren Fehler« beging, die »Göttergeißel« Pest nicht vorausgesehen zu haben, noch auch ein Mittel gegen sie zu ersinnen vermochte, setzten ihn die aufgebrachten und erbitterten Athener mit einem Scherbengericht ab. Zwar wurde er bald darauf vom Volk reumütig wiedergewählt, starb jedoch kurze Zeit später an der Pest.

Scherbengericht: Abstimmung in der Volksversammlung, bei der Namen von unbeliebten Politikern auf Tonscherben geritzt wurden

Sophokles hatte den genialen Einfall, das Motiv der Pest mit dem allgemein bekannten Ödipus-Mythos in Verbindung zu bringen. Eine anspielungsreiche aktuelle Beziehung zu den jüngsten Ereignissen in Athen war damit für die Zuschauer unüberhörbar hergestellt. [...]

Sophokles hat für seinen *König Ödipus* nicht den ersten Preis erhalten. Ob bei den Richtern (und Zuschauern) die Betroffenheit angesichts der jüngsten Ereignisse in Athen überwog oder ob sie sich weigerten, jenseits des Ideals der politischen Identität eines vorbildlichen Bürgers und Herrschers eine gegen die Götter gerichtete, allein auf die Kraft des *nus* gegründete menschliche Identität als für sich gültig anzuerkennen, lässt sich von uns heute kaum begründet entscheiden. Immerhin wurde seinem *Philoktet* der erste Preis zugesprochen. Aber das war fast zwanzig Jahre später, als die Demokratie bereits abgeschafft war und die Athener die Leiden des inzwischen 22 Jahre währenden Krieges im Übermaß am eigenen Leibe ausgekostet hatten. Es ist durchaus denkbar, dass diese Erfahrungen für Sophokles' Bild vom Menschen und für seine Vorstellung von der ihm einzig verbleibenden Möglichkeit, in einer unbegreiflichen und chaotischen Welt seine Würde zu wahren, empfänglicher gemacht haben. Aber diese Vermutung verbleibt im Bereich reiner Spekulation.

erster Preis: *hier* erster Preis bei den Großen Dionysien

nus: (*griech.*) Intellekt, Verstand

Fischer-Lichte, Erika: Geschichte des Dramas 1. Von der Antike bis zur deutschen Klassik. 3. Auflage. Tübingen/Basel: Francke 2010, S. 32–45, hier S. 34–45.

Thomas Paulsen: Die Literatur der Antike (2017)

[Auszug]

Der Altphilologe Thomas Paulsen teilt die Literaturgeschichte des antiken Griechenlands in vier Epochen ein und geht mit dem 5. Jahrhundert v. Chr. auf einen Zeitraum ein, in dem Theatertexte von bleibender Aktualität entstanden. Sie setzten sich mit Grundfragen des menschlichen Verhaltens und Zusammenlebens auseinander – und werden deshalb auch heutzutage vielfach gelesen bzw. von Theatern inszeniert.

Um einen Überblick über die trotz aller Verluste immer noch verwirrende Vielfalt der antiken Literatur in den zwölf Jahrhunderten, die uns hier interessieren, zu gewinnen, empfiehlt es sich zunächst, eine Gliederung nach Epochen vorzunehmen. In der griechischen Literatur werden üblicherweise vier davon unterschieden, die freilich eher Orientierungspunkte bieten, als den Anspruch auf Allgemeingültigkeit erheben: Die griechische Archaik umfasst die etwa 250 Jahre von Homer bis zu den Perserkriegen (494–479). Dominierten vorher Herrschaftsstrukturen, die durch adlige Großgrundbesitzer und ihr wirtschaftlich abhängiges Gefolge geprägt waren, so beginnt im frühen 5. Jahrhundert v. Chr. die große Zeit der Poliskultur, also von Stadtstaaten, die demokratisch regiert wurden wie Athen oder ein oligarchisches System aufwiesen wie Sparta. Diese Zeit der Klassik dauert an, bis die griechischen Poleis in den monarchischen Großreichen Alexanders des sogenannten Großen (356–323) und seiner Nachfolger in den verschiedenen Diadochenreichen des östlichen Mittelmeerraumes aufgingen, womit die Epoche des Hellenismus einsetzt, in der sich die griechische Sprache und Kultur über Ägypten und den Nahen und Mittleren Osten ausbreitete. Diese Epoche endet im Jahr 30 v. Chr., als das

junge römische Großreich mit Ägypten den letzten hellenistisch geprägten Flächenstaat seinem Imperium einverleibte. Damit setzt die letzte und längste Zeitspanne der griechischen Literatur in der römischen Kaiserzeit ein, die kein klar begrenztes Ende aufweist, sondern im Laufe des 5. und frühen 6. Jahrhunderts n. Chr. in die Kultur des Byzantinischen Reiches aufgeht. [...]
Mit der griechischen Klassik tritt diejenige Dichtungsgattung auf den Plan, deren Erzeugnisse uns auch heute noch vielleicht am unmittelbarsten anzusprechen vermögen, die Tragödie. Zwar sind von den 900 Tragödien, die während des 5. Jahrhunderts v. Chr. alleine in Athen aufgeführt wurden, nur 32 erhalten und haben von einer dreistelligen Zahl von Dichtern, die wir namentlich kennen, nur drei die Zeiten überdauert, doch die Figuren, die sie auf die Bühne gebracht haben, üben eine so zeitlose Faszination aus, dass eine Reihe dieser Werke auch heute noch regelmäßig auf den Spielplänen europäischer Bühnen erscheint, die Tragödien von Aischylos (525–456), Sophokles (496–406) und Euripides (484–406). Die ungebrochene Wirkung dieser Werke, je 7 von Aischylos und Sophokles und 18 von Euripides, beruht darauf, dass fast das gesamte Spektrum menschlicher Nöte, Leiden und Emotionen in exemplarischer Form präsentiert wird, wobei die Bewährung oder das Versagen in Extremsituationen oder die Bewältigung von Schuld und die Frage nach dem Verhältnis von menschlicher Eigenverantwortung und göttlichem Wirken zentrale Themen sind. Wir treffen hier auf Menschen, die durch das kompromisslose Festhalten an ihren Idealen ins Verderben stürzen wie die sophokleische Antigone, auf solche, die sich schwerer Verfehlungen schuldig machen, aber in ihrem Handeln trotzdem ihre moralische Integrität wahren wie der Ödipus desselben Autors, Opfer göttlicher Rache wie Euripides' *Herakles,* Menschen, die in tragischen Entscheidungssituationen versagen wie den Agamemnon des

Aischylos, der dann aus Rache für die Opferung seiner Tochter Iphigenie im *Agamemnon* von seiner Frau Klytaimnestra ermordet wird, die wiederum in den *Choephoren* der Vergeltung ihres Sohnes Orest anheimfällt, bis göttliches Eingreifen in den *Eumeniden* die Kette der innerfamiliären Morde beendet, oder wir begegnen einfach unschuldig Leidenden wie den Troerinnen in Euripides' gleichnamigem Stück, welches die engagierteste Verurteilung des Krieges enthält, die wir aus der antiken Literatur kennen.

Paulsen, Thomas: Die Literatur der Antike. In: Kindler kompakt. Literatur der Antike. Ausgewählt v. Thomas Paulsen. Stuttgart: Metzler 2017, S. 9–33, hier S. 14–16.

Martin Hose: Tragödie (1999) [Auszug]

In welchem Zusammenhang Drama und Mythos stehen, verdeutlicht der Altphilologe Martin Hose, indem er vor allem auf die Beziehungen zwischen einzelnen Texten (Intertextualität) eingeht.

Nur wenig ist über die frühe Tragödie bekannt, zumeist sind es Werktitel. Von Thespis ist der *Pentheus* bezeugt, was auf den Dionysos-Sagenkreis verweist. Der Mythos [...] bildete damit von Beginn der Gattungsentwicklung an den Stoff. Man experimentierte auch mit historischen Themen, so Aischylos in den *Persern* (472), die die vernichtende Niederlage der Perser bei Salamis – aus Sicht der Perser – zum Thema haben. Phrynichos, ein älterer Konkurrent des Aischylos, war Autor einer demselben Gegenstand gewidmeten Tragödie *Phönissen* (476). Seine *Einnahme von Milet*, die den Fall der mit Athen verbündeten Stadt behandelte, brachte nach Herodot (6, 21) das ganze Publikum zum Weinen – und ihm eine Geldstrafe ein. Das Stück wurde verboten und so ist es nicht verwunderlich, dass der Mythos alsbald die Tragödie beherrschte.
Die Arbeit der Tragiker am Mythos war intertextuell, sie bearbeiteten die durch die Epen Homers oder die großen lyrischen Gedichte eines Stesichoros [...] vorgeformten Versionen eines Mythos für die Bühne. Von Aischylos ist etwa das Wort überliefert, seine Stücke seien Brocken vom Mahle Homers. Die späte klassische Tragödie bezieht sich dagegen häufig auf vorausliegende Stücke und will sie überbieten. Außerdem bemüht man sich, die ›Lücken‹ zwischen den bisher vorliegenden Stücken aus einem Mythos zu schließen. Das lässt etwa die *Taurische Iphigenie* des Euripides [...] erkennen, in der an die *Eumeniden* des Aischylos angeknüpft und gezeigt wird, was Orest nach dem Freispruch vom Muttermord widerfährt.

Die erfolgreiche Gestaltung eines mythischen Stoffes für die Bühne verlangte vom Dichter, virtuos die technischen und personellen Gegebenheiten einzusetzen [...], insbesondere die drei Schauspieler und den Chor. Gerade der Chor konnte variabel fungieren, da er durch seine Aufstellung in der Orchestra *zwischen* Publikum und Bühne steht. Dies gab ihm die Möglichkeit, sowohl Mitspieler wie auch Kommentator der Handlung zu sein. Der Dichter musste sein Stück so anlegen, dass nicht mehr als drei Sprechpartien zugleich benötigt wurden, dass genügend Zeit für Masken- und Kostümwechsel der Schauspieler blieb. Der Schauplatz der Handlung durfte nur eine Außenszene sein, da die Bühne *(skené)* anders nicht eingesetzt werden konnte. Das Geschehen im Haus oder an anderen Orten war durch Boten zu referieren. Szenenwechsel war unüblich, Aischylos' *Eumeniden* und Sophokles' *Aias* sind Ausnahmen. Obgleich *drama* eigentlich ›Handlung‹ bedeutet, wird ›Handlung‹ in Berichten vermittelt. [...]
Innerhalb der Sprechverspartien sind insbesondere zwei Formen bemerkenswert, der ›Botenbericht‹, oftmals über hundert Verse lang, der dem Publikum ein geradezu episches Szenario dessen, was es nicht sieht, vermittelt, und die schnelle Wechselrede, die *Stichomythie*. In ihr sprechen die Beteiligten – zumeist nur zwei, da die Technik des Dreigesprächs nicht hoch entwickelt war – in regelmäßigem Wechsel je einen Vers oder Halbvers. Besonders in Streitszenen beschließt die Stichomythie den in zwei großen antithetischen Reden ausgetragenen Konflikt, da durch sie die Gegensätze noch einmal pointiert und verdichtet vorgestellt werden können.

Hose, Martin: Kleine griechische Literaturgeschichte. Von Homer bis zum Ende der Antike. München: Beck 1999, S. 94–96.

Bernhard Zimmermann: Die Spielstätte des 5. Jahrhunderts v. Chr. (2014) [Auszug]

Der Altphilologe Bernhard Zimmermann bietet einen Überblick zur Bühnentechnik des Theaters im antiken Griechenland und beschreibt dabei unter anderem die Wirkung, die vom Einsatz der Theatermaschinerie auf die Zuschauer ausgegangen sein muss.

Spielstätte der klassischen Dramen des 5. Jh.s v. Chr. war das am Südhang der Akropolis gelegene Dionysos-Theater. Auf einer (vermutlich) leicht erhöhten Bühne *(skené)* agierten die Schauspieler, davor tanzte und sang in der Orchestra, dem »Tanzplatz«, der Chor. Die schlichte Anlage bot den Dichtern keine großen Möglichkeiten, durch die Bühnenausstattung oder eine aufwendige Inszenierung Glanzlichter zu setzen. Ebenso wenig war es ihnen möglich, ihren Stücken einen naturalistischen Bühnenhintergrund zu geben. Erst Sophokles soll die Bühnenmalerei *(skenographía)* erfunden haben; was wir uns darunter vorzustellen haben, muss allerdings der Fantasie der Philologen und Theaterwissenschaftler vorbehalten bleiben. Eine naturalistische Inszenierung verhinderten vor allem die beiden Theatermaschinen der attischen Bühne, das Ekkyklema und der Kran (*géranos* »Kranich« oder *mechané* »Maschine«). Unter dem Ekkyklema (von *ekkykleīn* »herausrollen«) muss man sich einen kleinen, aus dem Mitteltor des Bühnenhintergrunds herausfahrbaren Wagen vorstellen, der dazu diente, Innenszenen gleichsam als Tableau auszustellen. Es hatte die Funktion, die im heutigen Theater der Drehbühne oder dem Scheinwerfer zukommt, der den Bühnenhintergrund ausleuchtet. Die Existenz dieser Bühnenmaschine kann durch zahlreiche Parodien in den Komödien des Aristophanes für das letzte Viertel des 5. Jh.s als gesichert angesehen werden. Ob aber

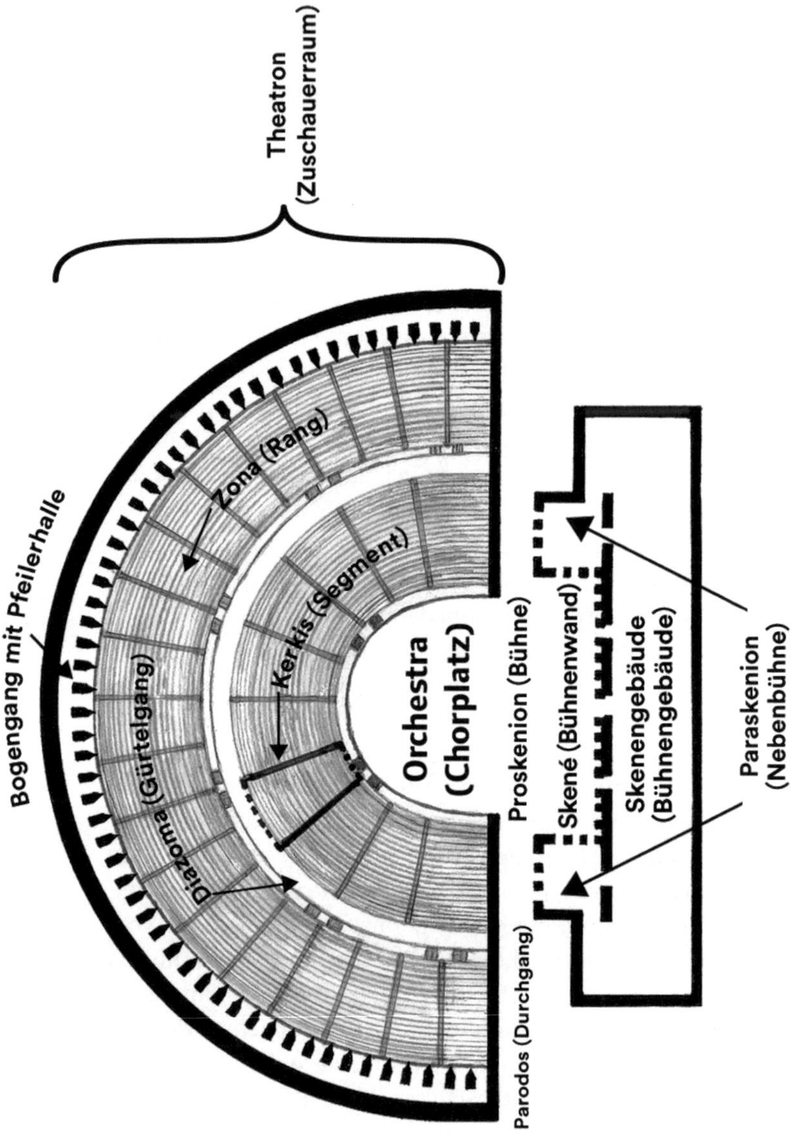

Aufbau des griechischen Theaters

bereits Aischylos über das Ekkyklema verfügte, ist umstritten. Der Kran schließlich ist die Theatermaschine, an der schwebend der vor allem bei Euripides beliebte »Maschinengott«, der sprichwörtliche *Deus ex machina,* am Ende der Stücke erscheinen konnte, um durch sein Machtwort die Handlung, die bei dem jüngsten der drei Tragiker oft von dem im Mythos vorgeschriebenen Ende abzuweichen droht, auf die richtige Bahn zurückzulenken. Man muss sich stets vor Augen halten, dass ein starker Verfremdungseffekt, der von vornherein eine naturalistische Inszenierung verhinderte, dadurch zustande kam, dass alle Rollen in den drei dramatischen Gattungen Komödie, Tragödie und Satyrspiel von Männern gespielt wurden und dass die Schauspieler Masken trugen. Eine Wiedergabe seelischer Regungen durch die Mimik war demnach ausgeschlossen. Aufgrund der Schlichtheit der Bühne und der die Illusion durchbrechenden Bühnenmaschinerie kam es einzig und allein auf die evozierende Kraft des dichterischen Wortes an, das vor dem inneren Auge des Zuschauers in einer Art »verbaler Bühnenmalerei« die erforderliche Kulisse entstehen lassen musste. Da im 5. Jh. v. Chr. in der Regel der Dichter gleichzeitig als Regisseur, als *chorodidáskalos,* »Chormeister«, fungierte, also auch für die Inszenierung zuständig war, und zudem jedes Stück nur für die einmalige Aufführung geschrieben war, fehlen in den Texten Regieanweisungen. Dies stellt vor allem moderne Philologen und Regisseure vor Probleme: Muss man doch die Regieanweisungen gleichsam aus den Texten herausdestillieren. Es gibt aber eine Reihe stereotyper implizierter Regieanweisungen wie Auftrittsankündigungen oder Formulierungen, die das Ende längerer Reden markieren.

Zimmermann, Bernhard: Sophokles – König Ödipus. Erläuterungen und Dokumente. Stuttgart: Reclam 2014, S. 41–43.